W0197029

Michael Stöckl
Der Apfelweinschmecker

Michael Stöckl

Der Apfelwein-schmecker

Die besten Apfelweine,
Straußwirtschaften und
Adressen in Frankfurt/Rhein-Main

SOCIETÄTS
VERLAG

Alle Rechte vorbehalten • Societäts-Verlag
© 2012 Frankfurter Societäts-Medien GmbH
Satz: Nicole Ehrlich, Societäts-Verlag
Umschlaggestaltung: Nicole Ehrlich, Societäts-Verlag
Umschlagabbildung: © Christian Jung - Fotolia.com
Druck und Verarbeitung: CPI – Ebner & Spiegel, Ulm
Printed in Germany 2012

ISBN 978-3-942921-69-5

Inhalt

Trendgetränk Apfelwein

Der vorliegende, in seiner Konzeption neuartige Apfelweinführer will Tradition und Moderne des hessischen Apfelweins verknüpfen. In erster Linie soll der Apfelweinschmecker Lust machen auf den natürlichen, ursprünglich leichten Genuss des hessischen Nationalgetränks. Der Hohenastheimer, wie der Wein aus Äpfeln ebenfalls gern genannt wird, durchlebte eine lange und durchaus wechselvolle Geschichte, bis er schließlich auch in unseren Tagen Bestandteil der modernen, hedonistischen Konsumgesellschaft geworden ist. Seit gut zwei Jahrzehnten verzeichnet das hessische Kultgetränk eine beachtliche Renaissance und gibt sich heute als zeitgemäßes, leicht alkoholisches Getränk mit großem Variantenreichtum. Nie zuvor hatte der Apfelwein mehr Facetten als heute.

Vom klassischen Hausschoppen über sortenreine Apfelweine, Seccos, Schaumweine bis hin zu edlen Apfelsherrys und Dessertweinen reicht das große Spektrum. Dazu gesellen sich immer mehr Design- und Start-up-Unternehmen, die dem Apfelwein ein verändertes wie zeitgemäßes Gesicht verleihen. Eine höchst spannende Entwicklung, die noch vor zwanzig Jahren kaum jemand für möglich gehalten hätte.

Auf den folgenden Seiten führt der Apfelwein-Guide den Leser durch alle wichtigen Stationen der Apfelweinbereitung, angefangen von der Herstellung und ergänzt durch ein kleines ABC des Apfelweins bis hin zur Vermarktung durch selbstkelternde Apfelweinwirte und Straußwirtschaften.

Im Unterschied zu anderen Titeln mit gleicher Stoßrichtung legt das Buch den Akzent dabei weniger auf ein vollständiges Panorama von Apfelweinwirtschaften und -marken in und um Frankfurt am Main. Im Vordergrund steht vielmehr eine hessenweite Schule des Apfelweinschmeckens, die sich erstmals auch auf eine Bewertung der Apfelweine in unterschiedlichen Kategorien konzentriert. Indem das Konzept des Bewertens auf ein so volksnahes und traditionelles Getränk wie den Ebbelwoi übertragen wird, versteht sich das Buch auch als ein Wegweiser zu Spitzen- und Höchstleistungen mit dem Grundprodukt Apfel, das dem Leser die besten Apfelweine, die schönsten Wirtschaften, bembelsichere Unterkünfte und Hotels, die schönsten Manufakturen, Marken und Marotten rund ums Stöffche präsentiert. Wird der Apfelweinschmecker künftig als Ratgeber für Ausflüge und Tagestouren zu Qualitätsadressen in ganz Hessen Verwendung finden, so wäre ein wesentliches Ziel des Buches erreicht.

Wie der Apfelwein nach Hessen kam

Von Paradies- und Holzäpfeln

Der Apfel musste weit reisen, um nach Hessen zu gelangen. Heute weiß man, dass die Wild- oder Holzäpfel, die Urformen des Apfels, aus dem Kaukasusgebiet zwischen Schwarzem und Kaspischem Meer stammen. In diesen Gebieten befinden sich heute noch Apfel-Urwälder mit diesen sehr alten Sorten. Die Holzäpfel fanden ein riesiges Verbreitungsgebiet, das von den Pyrenäen im Westen bis weit in den Fernen Osten reichte. Dies belegen viele steinzeitliche Funde. Die Hauptstadt der Mongolei etwa, Alma Ata, trägt den Beinamen „Stadt der Äpfel", da sie von Apfelbaumwäldern umgeben ist.

Die große Verbreitung der Obstbaukultur und der Apfelweinbereitung verdanken wir den Hochkulturen der Antike. So wurde zur Zeit des Pharao Ramses II (1292 - 1225 v. Chr.) der Apfel, der über Syrien nach Ägypten kam, im Nildelta heimisch. Dort wurden nachweislich erste Obstgärten angelegt. Noch vor Christi Geburt gelangte der Apfel nach Griechenland. Dies belegen unter anderem die Schriften der „Odyssee" von Homer, in denen von den Gärten Laertes voller Äpfel und Birnen die Rede ist. Mit Ausdehnung des Römischen Reichs über die Grenzen Germaniens hinaus erreichten diese Kulturäpfel unsere mitteleuropäischen und klimatisch gemäßigten Breiten.

Hessen wird Apfelland

In den ersten Jahrhunderten nach Christi Geburt erlebte die Obstbaukultur in den römisch dominierten Gebieten eine wahre Hochzeit. Bis zum Karolingischen Zeitalter wurden viele Sorten gezüchtet, von denen wir heute noch die „Borsdorfer Renette" kennen. In der „Capitulare de villis" aus dem Jahre 800 verordnet der Karolinger Karl der Große seinen Untertanen, Obst in einem sogenannten Pomarium anzubauen und zu veredeln. In diesen Verordnungen

wird die Herstellung von Apfelwein als eine Möglichkeit zur Veredelung empfohlen. Seit dieser Zeit ist der Apfel das am meisten verbreitete Kernobst in Deutschland.

Ein Kuriosum: Obwohl Hessen als wichtigste Apfelweinregion Deutschlands gilt, befindet sich auf hessischem Boden mit 352 ha nur rund 1,1% der gesamten Apfelanbaufläche der Bundesrepublik Deutschland (Quelle: Statistisches Bundesamt, Fachserie 3, Reihe 3.2.1., Stand Januar 2009). Mit 78 ha fällt die Anbaufläche nur in der Viezregion Saarland noch kleiner aus. Ein Grund hierfür könnte sein, dass in Hessen verstärkt auf Streuobstanbau gesetzt wird, der nicht unter diese Statistik fällt.

Wann aus Äpfeln Apfelwein wurde

Die Bereitung von Wein aus Trauben und anderen
Früchten ist seit der Antike bekannt. Die griechische
Geschichtsschreibung erwähnt bereits 500 v. Chr. die
Fruchtweinherstellung. Im antiken Rom war die Frucht-
weinbereitung ein großes Thema. Das belegen Darstel-
lungen von Saftpressen auf Mosaiken in der Stadt Her-
culaneum, die 79 v. Chr. durch den großen Vesuv-
Ausbruch zerstört wurde. In den im gleichen Zeitraum
verfassten Schriften von Plinius und Varro wird die
Obstweinherstellung als „Vinum malus" beschrieben. In
Germanien treffen die römische Obstbaukunde und die
Weinbereitung auf den germanischen Honigwein „Met".
Die Germanen kelterten den „Ephiltranc". Im Altertum
wie in heutiger Zeit dominierte jedoch der Traubenwein-
bau die Pendants aus anderen Früchten. Einen Höhe-
punkt im Obstbau bildete sicherlich die oben bereits er-
wähnte Sammlung von Verordnungen in der „Capitulare
de villis" Karls des Großen. Im Kapitel 45 ordnet der
Fränkische Kaiser die Herstellung von Wein aus Äpfeln
und Birnen an. Im Mittelalter dagegen finden sich nur
wenige Aufzeichnungen über die Apfelweintradition.

Apfel statt Traube – Wie Frankfurt zum Apfelwein kam

Erst im ausgehenden 16. und beginnenden 17. Jahrhundert häufen sich die urkundlichen Erwähnungen

des Apfelweins in Frankfurt am Main. Noch im 15. Jahrhundert werden auf dem ursprünglich bewaldeten Sachsenhäuser Berg Weinreben angepflanzt. Jedoch werden nach einer Ratsverordnung von 1501 weitere Pflanzungen verboten. Der Rat der Stadt Frankfurt am Main erlässt 1560 und 1683 Verbote, Wein nicht mehr mit Apfelwein zu strecken. In dieser Zeit reiften die Weinreben bedingt durch eine kühle Periode nicht mehr voll aus und der Frankfurter Weinbau verlor massiv an Bedeutung. Nach 1700 gewinnen Apfelwein und Bier an Bedeutung. Die Reben fallen der sich ausdehnenden Stadt und den Obstgärten zum Opfer. Lediglich am Lohrberg in Seckbach verbleibt eine kleine Parzelle, die heute noch bewirtschaftet wird. Wein führte man seither aus anderen Gegenden ein und besteuerte ihn. Der steuerfreie Apfelweinausschank dagegen verhilft den Gärtnern zu einer guten Einnahmequelle. Anfang des 18. Jahrhunderts häufen sich die Beschwerden der Brauereien über den zunehmenden Apfelweinausschank. Deshalb besteuert der Rat der Stadt Frankfurt das „Verzapfen" von Apfelwein über den normalen Hausverbrauch hinaus seit 1733. Es gründen sich daraufhin viele nicht konzessionierte Heckenwirtschaften, die so klein sind, dass sie nicht der Besteuerung unterliegen. Viele der selbstkelternden Apfelweinwirte überlassen den Ausschank den Hecken- und Gartenwirtschaften in der Nachbarschaft, um der Besteuerung zu entgehen. Ende des 19. Jahrhunderts verschwinden die Heckenwirtschaften und werden durch die heutigen konzessionierten Apfelweinlokale ersetzt. Die wirt-

schaftliche Kleinsteinheit Heckenwirtschaft rechnet
sich zu dieser Zeit nicht mehr.

Mitte des 19. Jahrhunderts beginnen größere Keltereien wie Rackles und Cornel Apfelwein im großen
Stil herzustellen, um ihn im In- und Ausland zu ver-
markten. Die Firma Cornel zum Beispiel betreibt dieses Geschäft bis zum Beginn des Zweiten Weltkriegs.

Während des Ersten Weltkriegs wird die Produktion
von Apfelwein verboten. Die Äpfel verwendet man zu
dieser Zeit ausschließlich für die Lebensmittelproduk-
tion, um das hungernde Volk zu ernähren. Dies ist die
Zeit der „Apfelweinlogen". Sogenannte „Apfelweinge-
schworene" kaufen den Bauern die Äpfel ab und lassen
sie heimlich keltern. Im Verborgenen genießen die
„Apfelweingeschworenen" den Apfelwein. Die Apfelweinlogen, wie der Name schon sagt, sind private Zir-
kel, die bis in die 20er Jahre des 20. Jahrhunderts hinein

bestehen. Danach verlieren sie durch gesetzliche Locke-
rungen an Bedeutung. Die Tradition der Apfelweinwirtschaften lebt bis heute fort. Erst 1919 wurde die „Vereinigung der Äpfelweinkeltereien mit eigenem Ausschank
Frankfurt am Main und Umgebung e.V." gegründet.
Doch keltern immer weniger Wirte selbst und lassen
sich den Apfelwein von größeren Keltereien liefern.

Revolution im „Gerippte"

Wie schon in den Jahrhunderten zuvor verändert sich
die Apfelweinkultur ständig. Seit dem ausgehenden
20. Jahrhundert ist die Apfelweinszene wieder in
Bewegung wie schon lange nicht mehr. Ende der
1980er Jahre brechen junge Kelterer auf, um in ihren

kleinen Keltereien Apfelwein neu zu definieren. Es kommen innovative Produkte, wie etwa sortenreine Apfelweine, Schaumweine, Seccos, Sherrys und vieles mehr, auf den Markt. Die etablierten Keltereien sehen das Treiben zunächst mit großem Argwohn und ziehen doch Anfang der 2000er Jahre nach. Seit dieser Zeit wird auf die Qualität der Apfelweinspezialitäten und deren Design in verstärktem Maße geachtet. Neue Initiativen zum Schutz von Streuobst oder für den Erhalt des Selbstkelterns in der Apfelweingastronomie werden gegründet. Sie sorgen für eine die Apfelweinkultur belebende Diskussion und schließlich für deren Neuausrichtung. Die zum Ende der 1990er Jahre stark fallenden Absatzzahlen des traditionellen Apfelweins konnten durch diese Strategien gebremst werden. Seit einigen Jahren steigen sogar die Absatzzahlen wieder merklich. Der Apfelwein erlebt eine Renaissance, das Getränk ist auch unter jüngeren Leuten wieder „angesagt".

Neben den neuen Apfelweinspezialitäten sorgen flankierende Produkte und Devotionalien wie Bücher, Kalender, Kleidung mit Apfelweinmotiven und viele skurrile Accessoires für Aufsehen. Diese „Subkultur" spricht verstärkt gerade die jüngeren Freunde des Apfelweins an, so dass die Perspektiven für das Produkt Apfelwein hervorragend sind. Er darf also zu Recht auf eine goldene Zukunft hoffen.

Mahlen – Packen – Pressen: Die Apfelweinbereitung

Anbau der Äpfel

Die Streuobstwiese gehört zur hessischen Kulturlandschaft wie keine andere landwirtschaftliche Nutzfläche. Die alten Apfelsorten der Streuobstwiesen sind am besten geeignet, um den hessischen Apfelweinen ihren typischen Charakter zu verleihen. Nur saubere, baumreife Äpfel sollten zur Kelter gebracht werden. Nach dem Motto: „Wenn der Rohstoff sauber ist, ist es später auch der Apfelwein."

Leider hat das Streuobst viele Feinde und der Bestand an Hochstämmen nimmt stetig ab. Zum

einen sind es Grundstücksspekulationen, die Neuver-
pachtungen der Flächen und Neupflanzungen unmög-
lich machen. Der starke Preisverfall für Äpfel ist ein
weiterer Grund, warum viele Besitzer ihre Obstwiesen
nicht mehr pflegen und ernten. Vor 30 Jahren zahlte
man umgerechnet in die heutige Währung ein Vielfa-
ches dessen, was die Keltereien gegenwärtig zahlen.
Schuld daran ist sicher das bisherige Billig-Image des
Apfelweins, das den Schoppenpreis drückt.

Keltern

Die Äpfel werden vor dem Keltern mit klarem Wasser
gewaschen, um sie z. B. von Grasresten zu befreien.
Nun werden die Früchte in der Apfelmühle zu einer
groben Maische gemahlen, um sie besser auspressen
zu können. In kleineren Keltereien benutzt man Pack-
oder Bandpressen. Die traditionelle Packpresse besteht
aus ein oder zwei Packtischen, auf denen die gemahle-
nen Früchte in Packtücher portionsweise eingepackt
werden. Zwischen die Päckchen werden Holzgitter
oder Lochbleche gesteckt, damit der ausgepresste Saft
später besser ablaufen kann. Der entstandene Apfel-
päckchenturm wird dann mittels einer hydraulischen
Presse ausgepresst. Bandpressen erleichtern das Keltern erheblich. Hierbei wird die gemahlene Apfelmai-
sche zwischen zwei breiten gegenläufigen Bändern
ausgepresst. Den gewonnenen Saft lässt man nach der
Pressung in einem Lagertank gut 24 Stunden abset-

zen. Dabei sinken Trübstoffe, Kerne und Frucht-
fleischreste zu Boden. Der Apfelsaft wird danach von
oben her abgesaugt und in den Gärtank gepumpt.

Gärung

Die alkoholische Gärung kann nun einsetzen. Entweder lässt man den Saft mit den eigenen Hefen, die mit
den Äpfeln mitgekeltert werden, spontan vergären
oder man setzt ihm Reinzuchthefen zu. Die spontane
Gärung kann mitunter zu Fehlgärungen führen, da
man im Voraus nicht wissen kann, welcher wilde
Hefestamm sich im Fass durchsetzt. Mit dieser
Methode entstehen ursprüngliche Terroir-betonte
Apfelweine. Gibt man dem Apfelwein Reinzuchthefen
zu, ist das Ergebnis berechenbarer. Der Charakter dieser Apfelweine ist meist von großer Frucht und Reinheit geprägt. Die optimale Gärtemperatur liegt zwischen 15 °C und 18 °C. Es gibt aber auch Verfechter
einer kühleren Gärung, die allerdings nicht ganz
unproblematisch ist. Bei sehr kalten Temperaturen
kann die Fermentation (Gärung) ins Stocken geraten
und der Apfelwein wird nicht durchgegoren.

Nach gut 14 Tagen ist die Gärung beendet. Der
Fruchtzucker ist nahezu „verstoffwechselt", die Hefen
setzen sich am Fassboden ab und die Kohlensäure ent-
weicht peu à peu. Jetzt ist der Zeitpunkt gekommen,
den entstandenen Apfelwein von der Hefe abzuzie-
hen, d. h. man saugt ihn von oben aus dem Fass in

einen Lagertank. Die abgesetzte Hefe bleibt im Gärtank zurück.

Lagerung

Nach dem Hefeabstich ist der Apfelwein sehr empfind-
lich. Der Lagertank muss spundvoll sein, damit möglichst wenig Luftsauerstoff mit dem Produkt reagieren
kann. Außerdem können Essig- oder Milchsäurebakterien die fragile Apfelsäure des Apfelweins zu Essig- bzw.
Milchsäure umwandeln. Die dann entstehenden Fehltöne sind nicht gewünscht. Sauerstoffliebende Kahm-
hefen würden dem Apfelwein einen scharfen
Geschmack verleihen. Viele Kelterer überlagern deshalb
den Apfelwein mit Stickstoff oder nutzen „immervolle"
Schwimmdeckeltanks. Hygiene im Keller und möglichst wenig Kontakt des Apfelweins mit Sauerstoff sind
die Lebensversicherung für's „Stöffche". Ein weiterer
Ausbau in Holzfässern – wie beim Wein – ist beim
Apfelwein nicht sinnvoll. Apfelweine trinkt man jung
mit der belebenden Säure und Frucht. Deshalb ist es
sinnvoll, die Weine kühl zu lagern, zu filtrieren, mit
etwas Schwefel zu imprägnieren und möglichst früh
abzufüllen. In früheren Zeiten, in denen die Kellertech-
nik noch nicht so fortgeschritten war, gab man die
Devise aus, der Apfelwein solle seinen ersten Geburtstag
nicht erleben, da er sonst schlecht geworden sein könne.
Heutige Qualitätsapfelweine können bei entsprechender
kühler, dunkler Lagerung mehrere Jahre reifen.

Wo es den besten
Apfelwein gibt

Apfelwein schmecken

Am Gaumen sollte der Apfelwein harmonisch fruchtig schmecken. Eine deutlich spritzige Säure und eine angenehme Adstringenz sind typisch für den Apfelwein. Brennen, Kratzen, oxydative Sherry-Noten sind dagegen eher ein Zeichen für schlechte Lagerung.

Getrunken und geschmeckt wird das „Stöffche" in Hessen aus dem „Gerippten". Das ist nicht neu, jedoch ist es für eine richtige Verkostung eher ungeeignet. Denn aus dem sich nach oben hin öffnenden Rippenbecher verdunsten leichtflüchtige Aromen sehr schnell und es werden nur die träge steigenden, schweren Aromen wahrgenommen. Bei einer Apfelweindegustation sollte ein Kelchglas verwendet werden, das sich nach oben hin verjüngt. Damit ist gemeint, dass die Öffnung einen kleineren Umfang haben sollte als der Umfang der Glasmitte. In einem Kelch werden die Aromen verdichtet und verdunsten langsamer, so dass man beim Hereinriechen die komplette Aromabandbreite erkennen kann. Bei dieser Verstärkung werden natürlich auch Fehltöne deutlicher, was dazu führt, dass die Qualität der Apfelweine schon am Duft unterschieden werden kann.

Kriterium: Apfelweinqualität und -auswahl

gut – typisch hessischer „Ebbelwoi"

sehr gut – Apfelwein mit gehobenem Qualitätsanspruch

außerordentlich – zählt zur Spitze des Gebiets

exzellent – Top-Apfelweine eines Spitzenerzeugers

Kriterium: Speisen

hier steht das „Stöffche" klar im Vordergrund

zuverlässig und gut in Sortiment und Güte

besonders pfiffig, lecker, kreativ

für die Feinschmecker unter den Schoppenpetzern

Kriterium: Ambiente

rustikale Gemütlichkeit

überdurchschnittlich und mit Liebe zum Detail

hier steht der Gast so schnell nicht wieder auf

mit außergewöhnlich viel Atmosphäre

Gesamtbewertung:

uneingeschränkt empfehlenswert

überdurchschnittlich für die Region

eine der Spitzenadressen im Rhein-Main-Gebiet

nahe an der Perfektion

Familien willkommen

kinderfreundlicher Betrieb mit Spielgeräten oder genügend Platz zum Herumtoben

Fernsicht und Weitblick

Schänke mit besonders schöner Aussicht

Die erste Apfelwein-Trophy

Die im Folgenden vorgestellten Apfelweine sind allesamt uneingeschränkt zu empfehlen. Es sind nach Auffassung des Autors die besten Apfelweinprodukte, die Hessen derzeit zu bieten hat. Differenzen in der Bewertung sollen den Lesern vor allem eine erste Orientierung bieten, häufig beruhen die Unterschiede nur auf Nuancen in der Produktqualität.

Eine Jury, vorerst gebildet von Isabell Konradt und dem Autor, hat in einer Blindverkostung eingereichte Apfelweinspezialitäten von 21 Kelterern getestet. Die Produkte wurden in vier Kategorien eingeteilt:

1) Hausschoppen aus Streuobst
2) Sortenreine Apfelweine
3) Apfelschaumweine
4) Apfelperlweine

Die Qualität der eingereichten Proben war durchweg hoch. Bei den Hausschoppen brillierte der Apfelwein des Obsthofs am Berg mit bestechender Frucht und Reinheit, gepaart mit einer erfrischenden Säure. Hervorragend auch der zweite Platz, den – nur knapp geschlagen – Herberth's Urschoppen belegte. Aus der Rhöner Schaukelterei stammt der Gewinner bei den sortenreinen Schoppen, dicht gefolgt von Schneiders Boskoop von alten Bäumen. Eine echte Überraschung war der Kelkheimer Hochgenuss in der Kategorie Apfelschaumweine. Bei den Apfelschaumweinen waren die Abstände in der Bewertung am geringsten. Bei den Perlweinen setzte sich Schneiders Goldapfel aus den drei Renettensorten Kaiser Wilhelm, von Zucchalmaglio und Ananasrenette klar durch.

Die besten Apfelweine Hessens (Hausschoppen) 2012

1) **Apfelwein – Obsthof am Berg** ⭐⭐⭐⭐
   Kriftel
2) **Urschoppen – Kelterei Herberth** ⭐⭐⭐⭐
   Kronberg im Taunus
3) **Hausschoppen – Schuch's Restaurant** ⭐⭐⭐
   Frankfurt am Main/Praunheim
4) **Sachsenhäuser Lebenswasser – Zur Buchscheer** ⭐⭐⭐
   Frankfurt am Main/Sachsenhausen
5) **Hausschoppen – Rote Pumpe** ⭐⭐⭐
   Bad Nauheim/Nieder-Mörlen
6) **Wein aus Äpfeln – Apfelweinkontor** ⭐⭐⭐
   Frankfurt am Main/Sachsenhausen
7) **Homberger Streuobsthain** ⭐⭐⭐
   Wilhelm Arnold/Hainmühle – Homberg (Ohm)
8) **Hornauer Apfelwein** ⭐⭐
   Zum Taunus – Kelkheim/Hornau
9) **Hausschoppen** ⭐⭐
   Zum Gerippte – Friedberg/Ockstadt
10) **Hausschoppen** ⭐⭐
    Hof Gimbach – Kelkheim

Die besten sortenreinen Apfelweine Hessens 2012

1) **Frankenapfel – Rhöner Schaukelterei** ★★★★
   Seiferts

2) **Boskoop Alte Bäume – Obsthof am Steinberg** ★★★★
   Frankfurt am Main/Nieder-Erlenbach

3) **Goldparmäne – Weidmann & Groh** ★★★★
   Ockstadt

4) **Wildapfel – Apfelundwein** ★★★
   Niedernhausen

5) **Bohnapfel – Rote Pumpe** ★★★
   Bad Nauheim/Nieder-Mörlen

6) **Goldparmäne – Schuch's Restaurant** ★★★
   Frankfurt am Main/Praunheim

7) **Graue Herbstrenette – Treusch's Apfelwein** ★★
   Reichelsheim/Odenwald

8) **Kaiser Wilhelm – Zur Buchscheer** ★★
   Frankfurt am Main/Sachsenhausen

9) **Bohnapfel mit Jonagold – Kelterei Nöll** ★★
   Frankfurt am Main/Griesheim

10) **Brettacher – Dornrös'chen** ★★
   Höchst im Odenwald/Annelsbach

Die besten Apfelschaumweine 2012

1) **Kelkheimer Hochgenuss – Zum Taunus** ★★★★
   Kelkheim/Hornau
2) **Nizza – Weidmann & Groh** ★★★★
   Ockstadt
3) **Apfelwalzer trocken – Dieter Walz** ★★★★
   Fürth/Odenwald
4) **Wildlinge auf Löss Brut – Obsthof am Steinberg** ★★★
   Frankfurt am Main/Nieder-Erlenbach
5) **Apfelprickler – Obsthof am Berg** ★★★
   Kriftel

Die besten Apfelperlweine 2012

1) **Goldapfel – Obsthof am Steinberg** ★★★★
   Frankfurt am Main/Nieder-Erlenbach
2) **Odenwälder Massik – Dieter Walz** ★★★
   Fürth/Odenwald
3) **Perläpfelchen – Zum Gerippte** ★★★
   Friedberg/Ockstadt
4) **Pomme Bon Extra trocken – Apfelundwein** ★★
   Niedernhausen
5) **Wein aus Äpfeln teilvergoren – Apfelweinkontor** ★★
   Frankfurt am Main/Sachsenhausen

Die besten Apfelwein-Straußwirtschaften 2012

I n diesem und in den folgenden Kapiteln werden die besten Apfelwein-Straußwirtschaften, kelternden Apfelweinwirte, Ebbelwoi-Lokale und Gasthäuser mit einer interessanten Apfelweinkarte bewertet und nach Weinqualität, Speisen, Ambiente und Kinderfreundlichkeit benotet. So soll für die Leser eine Unterscheidung nach Spitzen-Apfelweinen, frischer regionaler Küche und einer besonders gastfreundlichen und gemütlichen Atmosphäre nachvollziehbar sein. Auf diese Weise ist gewährleistet, dass für jeden Geschmack etwas Passendes leicht aufgefunden und nachgeschlagen werden kann.

„Mit der Verordnung zur Änderung der Verordnung über die Zuständigkeiten nach der Gewerbeordnung und dem Gaststättengesetz sowie über den Betrieb von Straußwirtschaften sowie zur Aufhebung weiterer Verordnungen vom 10. Okt. 2007 (GVBL. I, S. 674) wurde der Betrieb einer Straußwirtschaft mit Apfelwein dem Betrieb Straußwirtschaft Wein gleichgestellt."

Per Verordnung der Hessischen Landesregierung sind Apfelwein-Straußwirtschaften dem Pendant in den Weinbauregionen seit 2007 gleichgestellt. Somit steht nun vielen kleinen Keltereien die Möglichkeit offen, ihre flüssigen Preziosen während einer Saison

von höchstens vier Monaten auszuschenken. Wir dür-
fen also gespannt sein, welche Apfelwein-Straußwirtschaften in den nächsten Jahren noch entstehen werden.

Die Auswahl der nachfolgenden Straußwirtschaften
erfolgte hauptsächlich über die Apfelweinqualität.
Man darf nicht vergessen, dass es sich hierbei um
kleine Keltereien mit angeschlossener Gastronomie
handelt, weshalb ein Vergleich mit einem „normalen"
Restaurantbetrieb zumeist ungerecht wäre.

Schindtriescher Hütte

Christiane und Jürgen Böhm
Heftricher Weg
65527 Niedernhausen-
Oberjosbach

Telefon: 06127 929595 oder
0170 5267244
E-Mail: boehmtv@t-online.de

Öffnungszeiten: Saison wechselt jährlich, bitte anfragen;
Samstag und Sonntag von 12:00 bis 20:00
Uhr
Reservierung: Nein
Anfahrt: Parken am Friedhof Oberjosbach oder Wald-
parkplatz Heftricher Weg, 300-400 m Fuß-
weg, der Beschilderung folgen

Apfelwein mit Aussicht

Die Schindtriescher Hütte liegt gut 400 Meter von Oberjosbach entfernt. Die Hütte mit schönem Panoramablick steht direkt am Waldrand und beherbergt die Straußwirtschaft von Christiane und Jürgen Böhm. Im „Berghüttenflair" genießt man den selbst gekelterten Apfelwein der beiden sowie den Oberjosbacher Apfelsecco in Weiß und Rosé.

Kleine Speisen wie Schweizer Wurstsalat, Bratwurst oder Käsewurst mit Bratkartoffeln, Handkäse sowie hausgebackene Kuchen stehen auf der Speisekarte. Übrigens: Der Strom für die urige Jausenstation im Taunus wird mit einer Solaranlage erzeugt.

Einzelbewertung

Apfelwein:

Speisen:

Ambiente:

Gesamtbewertung:

Obsthof am Berg

Holger & Ralf Henrich GbR
Auf der Hohlmauer 2
65830 Kriftel
Telefon: 06192 42961

Telefax: 06192 41531
E-Mail: info@obsthof-am-berg.de
Internet: www.obsthof-am-berg.de

Öffnungszeiten:	Hofladen: Montag bis Freitag von 8:00 bis 18:30 Uhr, Samstag von 8:00 bis 13:00 Uhr; Apfelwein-Straußwirtschaft: Anfang Juni bis Ende August
Parken:	Im Hof
Reservierung:	Nein
Besonderheiten:	Eigene Brennerei und Kelterei, Hoffest an jedem ersten September-Wochenende
Anfahrt:	A 66, Ausfahrt Kriftel/Hattersheim, Richtung Hofheim/Kriftel an der dritten Kreuzung links abbiegen

Straußwirtschaft am Berg

Seit einiger Zeit betreibt die Familie Henrich im Obsthof am Berg eine Straußwirtschaft. Dort werden zu kleinen Speisen formidable Apfelweine ausgeschenkt. Der klare, samtige Hausschoppen mit weinig-milder Säure, den Weinkritiker Stuart Pigott schon lobend beschrieb, steht den Apfel-, Quitten- und Apfel-Birnen-Tischweinen in nichts nach. Eine wahre Gaumenfreude ist der „Rosé" aus Apfelwein und Spätburgunder. Für Kenner gebrannter Genüsse bietet der Henrichs-Keller feinste Obstdestillate – 2012 sogar ausgezeichnet auf der weltweit größten Spirituosen-Messe. Am ersten September-Wochenende sollte man Henrichs Hoffest nicht verpassen.

Einzelbewertung

Apfelwein:

Speisen:

Ambiente:

Gesamtbewertung:

Schäfer Jakobs Apfelland

Heinz & Wolfgang Bender
Im Schmiehbachtal (Nähe
Zentralfriedhof)
65579 Kelkheim

Telefon: 06195 911234
Telefax: 06195 911235
E-Mail: info@zumtaunus.de
Internet: www.zumtaunus.de

Öffnungszeiten:	Freitag und Samstag ab 14:00 Uhr, Sonntag ab 11:00 Uhr
Reservierung:	Nein
Anfahrt:	Am Kelkheimer Hauptfriedhof parken. Die letzten Meter zu Fuß unter der Brücke der B 519 hindurch Richtung Bad Soden. Nach ca. 200 Metern erreicht man das Apfelland

Schäferstündchen im Apfelhain

M an hat die Qual der Wahl. Rund 1.200 Apfelbäume stehen in Schäfer Jakobs Apfelland als Schattenspender fürs Picknick zur Verfügung. Gerne verleiht das Team Decken und Körbe, falls man die Picknick-Utensilien nicht parat hat. Am besten, man versorgt sich dort mit Brezel, Spundekäs' und Apfelwein und lässt die Seele in Benders Apfelhain baumeln. Kaffee und Kuchen sowie Flammkuchen mit verschiedenen Belägen stehen ebenfalls auf der kleinen Speisekarte, die extrem preiswert ist. Aus Kelkheim, Königstein, Bad Soden prima per pedes zu erreichen.

Einzelbewertung

Apfelwein:

Speisen:

Ambiente:

Gesamtbewertung:

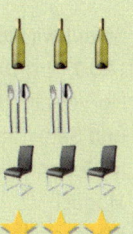

Immenhof Apfelwein-Manufaktur & Apfelwein-Kelterei Henrich

Reinhold Henrich
Borngasse 8a
65812 Bad Soden-Neuenhain
Telefon: 06196 528862

E-Mail: info@immenhof-neuenhain.de
Internet: www.immenhof-neuenhain.de

Öffnungszeiten:	Straußwirtschaft: Sommersaison täglich ab 17:00 Uhr; Dienstag und Samstag Ruhetag; Hofverkauf: Freitag von 16:00 bis 18:00 Uhr und Samstag von 10:00 bis 12:00 Uhr
Parken:	In Neuenhain
Reservierung:	Möglich
Besonderheiten:	Wechselnde Veranstaltungen und Hoffeste, Gästehaus: Schaukeltern und Keltervorführungen, Bauernhof als Klassenzimmer, Hofverkauf
Anfahrt:	In Bad Soden auf der L 3266 Richtung Königstein fahren. In Neuenhain rechts in die Hauptstraße einbiegen. Nach ca. 150 m fahren Sie rechts in die Borngasse

Für immer Immenhof

Seit Generationen betreibt die Familie Henrich Obstbau am Südhang des Taunus. In ihrer kleinen Manufaktur werden köstliche Apfelweinspezialitäten vom klassischen Hausschoppen über sortenreinen Apfelwein und Seccos bis hin zum Apfelschaumwein „ÄppelÄngel" nach traditioneller Flaschengärung bereitet. Im denkmalgeschützten Hof im Ortskern von Neuenhain sollte man unbedingt die Apfelweinspezialitäten und raffinierten Kleinigkeiten kosten, wie Handkäs mit Musik und Kräuterrahm oder Rindfleischsalat mit geröstetem Sesam und Petersilie. Henrichs laden im September zum Neuenhainer Herbstmarkt in ihren Hof ein. An jedem dritten Advents-Wochenende wird die Scheune zum Weihnachtsmarkt. Und seit 2008 bietet das Gästehaus Familien sogar die Möglichkeit, das Haupt zu betten.

Einzelbewertung

Apfelwein:

Speisen:

Ambiente:

Gesamtbewertung:

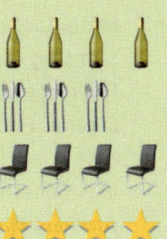

Herberth's Apfelweingarten

Georg Herberth & Georg Peter Herberth
Im Kronthal 16
61476 Kronberg im Taunus

Telefon: 06173 703539
Telefax: 06173 4433
E-Mail: info@herberth.de
Internet: www.herberth.de

Öffnungszeiten: Mitte April bis Ende September, Freitag und Samstag von 16:00 bis 22:30 Uhr; Sonn- & Feiertage von 11:00 bis 22:30 Uhr
Parken: Eigener Parkplatz
Reservierung: Nein
Anfahrt: In Kronberg Süd Richtung Bad Soden bis Abzweig Mammolshain. Dort rechts abbiegen, nach gut 250 m die zweite Möglichkeit rechts abbiegen und der Beschilderung folgen

Apfelweinkur in Bad Kronthal

Zwischen der Kelterei Herberth, in deren Hallen früher das Kronthaler Mineralwasser abgefüllt wurde, und dem Quellenpark Kronthal hat die Familie Herberth unter altem Baumbestand ihren Apfelweingarten eingerichtet. Der Quellenpark stammt noch aus der Wilhelminischen Kaiserzeit und beherbergte sogar ein Kurhaus. Neben seinen Klassikern „Urschoppen", „Speierling" und „Apfelwein mild" schenken Herberths feine sortenreine Apfelweine vom Braeburn und Bohnapfel in ihrem Garten aus. Wer es stilvoller mag, goutiert den „Apfel-Klassiker", einen Apfelschaumwein nach traditioneller Flaschengärung oder erfrischt sich mit dem Rosé-Secco „Pink Apple". Diverse Veranstaltungen mit Livemusik sind das i-Tüpfelchen in „Bad Kronthal".

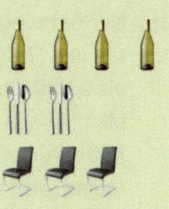

Einzelbewertung

Apfelwein:	
Speisen:	
Ambiente:	
Gesamtbewertung:	

Apfelweingarten Oberursel

Johannes „Jockel" Döhringer
Vorstadt 30
61440 Oberursel
Telefon: 0172 8984146

E-Mail: j.doeringer@
t-online.de
Facebook: Apfelweingarten
Oberursel

Öffnungszeiten:	Nur bei schönem Wetter: Freitag und Samstag von 17:00 bis 23:00 Uhr, Sonntag 15:00 bis 23:00 Uhr
Reservierung:	Möglich
Anfahrt:	In Oberursel der Beschilderung Stadthalle folgen, dort im Parkhaus parken. Hinter der Stadthalle in einem kleinen offenen Hof findet man den Apfelweingarten

Der Garten der Könige

Seit dem Oberurseler Hessentag 2011 veranstalten Johannes „Jockel" Döhringer und der Holzkünstler Hendoc alias Hendrik Docken die „Hessische Meisterschaft der Apfelweinkönige". Während des Brunnenfestes in der Oberurseler Altstadt kämpfen die besten Hobby-Kelterer Hessens um die Krone. Seit der ersten Meisterschaft gibt es auch den kleinen Apfelweingarten, der bei schönem Wetter am Wochenende geöffnet wird. Dort werden selbst gekelterte Schoppen in großer Vielfalt verabreicht. Bemerkenswert ist die von Hendoc selbst entworfene lange Holzbar mit einem riesigen Regal für Apfelwein-Glasballons, aus denen der Schoppen gezapft wird.

Einzelbewertung

Apfelwein:

Speisen:

Ambiente:

Gesamtbewertung:

Rote Pumpe Straußwirtschaft

Ulli & Philipp Schwabe GbR
Nieder-Mörler Straße 6
61231 Bad Nauheim-
Nieder-Mörlen

Telefon: 06032 9371903
Telefax: 06032 9371904
E-Mail: info@rote-pumpe.de
Internet: www.rote-pumpe.de

Öffnungszeiten:	April bis Mitte September: Mittwoch bis Freitag ab 16:00 Uhr, Samstag, Sonntag & Feiertage ab 11:30 Uhr; Q-Stall außerhalb der Saison für Feiern und Veranstaltungen buchbar
Reservierung:	Im „Q-Stall" möglich
Besonderheit:	Apfelwein-Verkostung ab 10 Personen, Apfelweinabend an jedem vierten Sonntag im Monat, öffentliche Nieder-Mörler Apfelweinverkostung der Hobbykelterer, Handkäs mit Blasmusik, Holunderblüten-Woche im Juni, Schulbauernhof „Vom Apfel zum Most"
Anfahrt:	A 5 bis Abfahrt Ober-Mörlen, B 275 Richtung Bad Nauheim. Am Ortseingang erste Straße rechts in die Nieder-Mörler Straße.

Die Apfelweinpumpe

Heike und Ulli Schwabe bewirtschaften seit 2004 die Rote Pumpe. Das Credo der beiden lautet: „Ehrliche, selbst erzeugte Produkte aus der Region, direkt von uns vermarktet!" In der urigen Hofreite werden mehr als zwölf eigene Apfelweinspezialitäten vom Hausschoppen über sortenreine Schoppen und Cuvées bis hin zum feinen Apfelschaumwein ausgeschenkt. Abgerundet wird das Sortiment mit edlen Bränden und einem erfrischend fruchtigen Apfelsaft. Im gemütlichen Innenhof genießt man zum „Stöffche" der kleinen Apfelweinmanufaktur gut gereiften Handkäse in raffinierten Marinaden oder labt sich an deftiger Hausmacherwurst. Im wunderschön hergerichteten „Q-Stall" lassen sich rauschende Apfelweinfeste feiern.

Einzelbewertung

Apfelwein:

Speisen:

Ambiente:

Gesamtbewertung:

Zum Gerippte

Eva Maria Scharf
Borngasse 30
61169 Friedberg-Ockstadt
Telefon: 06031 3009

Telefax: 06031 693368
E-Mail: zum.gerippte@
t-online.de
Internet: www.zum-gerippte.de

Öffnungszeiten:	Ende April bis Mitte September, Freitag bis Sonntag sowie der Tag vor und an einem Feiertag ab 17:00 Uhr. Ganzjährig für Gruppen ab 15 Personen nach Absprache geöffnet
Reservierung:	Telefonische Reservierung möglich
Besonderheiten:	Auf Anfrage alle Arten von Events und Führungen: Blütenwanderung, jährlich wechselnde Ausstellungen, für Kindergärten und Schulklassen auf Anfrage Schaukeltern und Apfelgelee-Herstellung
Anfahrt:	Ganz einfach zu erreichen, mitten in Ockstadt schräg gegenüber der Kirche gelegen

Kirsche trifft Apfel

1997 hatten Eva Maria und Erich Scharf die Idee, in ihrer Hofreite eine Apfelweinstraußwirtschaft zu gestalten. Heute sitzt man bei schönem Wetter im Hof, bei schlechtem in der beheizten Scheune. In ertragreichen Apfeljahren werden neben dem Hausschoppen sogar sortenreine Apfelweine gekeltert und ausgebaut. Die Kelteräpfel wachsen auf den eigenen Streuobstwiesen um Ockstadt. Eine besondere Empfehlung ist der Secco aus Ockstädter Kirschen. Kleine einfache Vespergerichte von Handkäs über Pfefferbeißer bis Flammkuchen bieten eine gute Grundlage, den einen oder anderen Edelbrand aus der umfangreichen Auswahl zu kosten. Im „Gerippte" erlebt man ehrliche, ungeschminkte Apfelweinkultur.

Einzelbewertung

Apfelwein:

Speisen:

Ambiente:

Gesamtbewertung:

Straußwirtschaft Hasen-
gasse 1

Familie Pfeiffer   61118 Bad Vilbel
Hasengasse 1   Telefon: 06101 86819

Öffnungszeiten: Anfang Juni bis Ende September, nur bei
                    gutem Wetter (vorher anrufen), Sa. 15.00
                    Uhr – „biss kaaner mer kimmt", So. 13.00
                    Uhr – „bisse zum Tatort gucke gehe" – und
                    nach Vereinbarung!
Reservierung: Möglich
Besonderheiten: Diverse Handkäse-Varianten
Anfahrt: Mit dem Fahrrad: Nidda-Radweg bis Kurhaus
                    Bad Vilbel, über die Brücke, rechts an der
                    Nidda entlang, nach ca. 20 m links in die
                    Hasengasse

Die Apfelweinquelle in Vilbel

Die kleine Straußwirtschaft in Niddanähe ist bei gutem Wetter geöffnet. Der kräftige Hausschoppen und diverse sortenreine Apfelweine werden von Streuobstäpfeln der Lagen Mainebene, Berger Hang sowie Vilbeler Wingert gekeltert. Auch aus der nahen Wetterau werden Äpfel aus Eichen, Altenstadt, Glauberg und Gedern gepresst. Das Sortiment wird mit Produkten der Apfel-Secco-Manufaktur Pomolo aus Karben abgerundet. Pfeiffers kredenzen zum reichhaltigen Apfelwein-Sortiment diverse Handkäse-Varianten.

Einzelbewertung

Apfelwein:

Speisen:

Ambiente:

Gesamtbewertung:

Schoppenwirtschaft im Obsthof am Steinberg

Andreas Schneider
Am Steinberg 24
60437 Frankfurt am Main
Telefon: 06101 41522

E-Mail: info@obsthof-am-steinberg.de
Internet: www.obsthof-am-steinberg.de

Öffnungszeiten:	Sommer: Ostern bis 31.10., Donnerstag und Freitag von 15:00 bis 22:00 Uhr, Samstag, Sonntag und Feiertage von 11:00 bis 22:00 Uhr; Winter: 1.11. bis Palmsonntag, Samstag und Sonntag von 11:00 bis 22.00 Uhr
Reservierung:	Ja
Besonderheit:	Lagenwanderungen, geführte Apfelweinverkostungen, Keltereiführungen, Erdbeeren-Selbstpflücken, private Veranstaltungen bis zu 1.300 Personen
Anfahrt:	Von Frankfurt aus mit U2 bis Haltestelle Nieder-Eschbach und umsteigen in den Bus 29

Die Apfelweinoase

An der Theke von Andreas Schneiders Schoppenwirtschaft deckt man sich mit seinen flüssigen Preziosen, edlem Bio-Käse oder herzhaften Bratwürsten ein und verkostet sie im angrenzenden Apfelhain oder in der einfach eingerichteten Schoppenwirtschaft. Bei schönem Wetter ist der Obsthof eine idyllische Oase unweit der pulsierenden Frankfurter City. Auch in der kühleren Jahreszeit ist der Obsthof geöffnet. Am offenen Feuer brutzelt man Stockbrot und genießt heißen Apfelwein. Im angeschlossenen Hofladen ersteht man bestes Obst aus eigenem Anbau und hat die Auswahl aus rund 50 verschiedenen Apfelweinspezialitäten. Legendär ist Schneiders Apfelblütenfest, das alljährlich am 1. Mai stattfindet. Ein Muss für jeden Apfelweinliebhaber.

Einzelbewertung

Apfelwein:

Speisen:

Ambiente:

Gesamtbewertung:

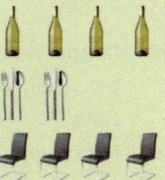

Äppel-Bistro

MainÄppelHaus Lohrberg
Streuobstzentrum e. V.
Klingenweg 90
60389 Frankfurt am Main
Telefon: 069 479994

Telefax: 069 479994
E-Mail: info@mainaeppelhaus-
lohrberg.de
Internet: www.mainaeppel-
hauslohrberg.de

Öffnungszeiten:	Donnerstag bis Sonntag ab 14.30 Uhr und bei schönem Wetter
Reservierung:	Nein
Besonderheiten:	Führungen in die Streuobstwiesen, Kinderprojekt „Der Apfel fällt nicht weit vom Stamm", Umweltbildung für Menschen mit Behinderungen
Anfahrt:	Über B 3 Abzweig Lohrberg, dann der Beschilderung folgen

Das Äppel-Bistro im Grüngürtel

Das Mainäppelhaus liegt nur wenige Schritte von Frankfurts einziger Weinlage „Lohrberg" entfernt. Es beherbergt ein Streuobstzentrum und das „Äppel-Bistro". Dort verkostet man die Produkte der eigenen Streuobstwiesen vom kernigen Hausschoppen über Quitten- und Mispel-Apfelwein bis hin zu Apfel-Sherry und edlen Obstbränden. Passend zum Schoppengenuss werden Apfelschmalzbrot, Handkäs' mit Musik und das Lohrberger Muffelbrett serviert. Wer den Frankfurter Traubenwein kosten möchte, sollte dies hier nicht versäumen. Das „Äppel-Bistro" bietet auch Platz für private oder geschäftliche Feiern. Darüber hinaus bietet die Lehrstation im Frankfurter Grüngürtel viele Veranstaltungen, von Baumschnittkursen über Hoffeste bis zu Streuobstwiesenführungen, an.

Einzelbewertung

Apfelwein:

Speisen:

Ambiente:

Gesamtbewertung: ⭐ ⭐ ⭐

Apfelwein-
Straußwirtschaften
meine Bewertungen im Überblick

Beim kelternden
Apfelweinwirt

„Der Landwirt entscheidet, was aus dem Land wird, der Gastwirt entscheidet, was aus dem Gast wird." Dieses Bonmot verkündete vor einigen Jahren Jürgen Schuch vom gleichnamigen Restaurant in Frankfurt-Praunheim. Dieser Satz beinhaltet für den Apfelwein zwei Wahrheiten:

1. Der Landwirt oder Obstbauer kann sich entscheiden, ob er die Streuobstwiesen rodet, um andere Feldfrüchte anzubauen oder ob er die typisch hessische Kulturlandschaft erhalten möchte.
2. Der Gastwirt hat die Wahl, dem Gast Apfelwein, Bier oder Wein zu verkaufen. Wählt er den Apfelwein, wird er ihn pflegen, besonders gut keltern oder besonders guten Apfelwein einkaufen.

Keltert ein Apfelweinwirt seinen Apfelwein aus hessischem Streuobst, hat er die Wahl getroffen – für den Gast und das Land. Denn er fragt Streuobstäpfel nach. Wenn er authentisch bleibt und den Apfelwein besonders lecker ins Glas bringt, kann es für alle Beteiligten – den Landwirt, Gastwirt und Gast – eine genüssliche Zeit werden.

Hotel-Restaurant Felsenkeller

Lars Kochendörfer
Schulgasse 1
65510 Idstein
Telefon: 06126 93110

Telefax: 06126 9311193
Internet: www.hotel-
felsenkeller-idstein.de

Öffnungszeiten:	Montag bis Donnerstag und Samstag ab 11:00 Uhr, Sonntag ab 17:00 Uhr, Küche von 12:00 bis 14:00 und 18:00 bis 20:30 Uhr, Freitag Ruhetag
Reservierung:	Ja
Besonderheit:	Apfelweinanstich Nassauer Land, Apfelweinfest am ersten Wochenende im September, Altstadtführungen im Frühling und Herbst mit anschließender Kellerführung
Anfahrt:	A 5, Ausfahrt Idstein Richtung Stadtmitte am Rand der Fußgängerzone unterhalb des Hexenturms

Der Fels im Apfelweinmeer

Lars Kochendörfer besitzt ein echtes Kleinod: einen in den Felsen getriebenen Keller mit alten Holzfässern, in denen noch heute der Felsenkeller-Apfelwein ausgebaut wird. Das Streuobst bezieht er aus dem Idsteiner Land und keltert es auf einer großen Packpresse. Neben dem Felsenkeller-Apfelwein wird auch ein Apfelwein mit Mispeln bereitet. Apfelweingelee, Apfelweinessig und Apfelsaft stehen ebenfalls auf der Liste. Der Anstich des Ersten Nassauers, des Neuen Hellen des Streuobstkreises Nassauerland findet einmal jährlich im kühlen Felsenkeller statt.

Einzelbewertung

Apfelwein:

Speisen:

Ambiente:

Gesamtbewertung:

Zur Talmühle

Wolfgang Rühl & H. Priester   61267 Neu-Anspach
Stahlnhainer Grund   Telefon: 06081 8305

Öffnungszeiten: Mittwoch und Donnerstag von 11:30 bis 23:30 Uhr, Freitag von 16:00 bis 23:30 Uhr, Samstag und Sonntag von 10:30 bis 23:30 Uhr; Montag und Dienstag Ruhetag
Reservierung: Ja
Besonderheiten: Eigene Landwirtschaft, Viehzucht und Schlachtung
Anfahrt: Auf der A 661 Richtung Bad Homburg die Ausfahrt Oberursel-Nord nehmen; der B 456 Richtung Usingen bis Wehrheim/Anspach folgen. Kurz vor Neu-Anspach geht es links ab zur Talmühle

Apfelwein und Schwein gehabt

Hier blieb die Zeit irgendwann stehen. Wolfgang Rühl betreibt die Landwirtschaft, kümmert sich um die Tiere und keltert den Apfelwein aus dem Streuobst seiner Wiesen. Ein echtes Idyll unweit des Freilichtmuseums Hessenpark. Aus frisch Geschlachtetem werden die deftigen Speisen und Wurstspezialitäten zubereitet. Dazu muss ein kräftig-kerniger Hausschoppen getrunken werden. Hinter der Mühle sitzt man im Sommer auf einer großen Terrasse mit Blick auf Weiden und Streuobstwiesen. Der richtige Ort, um die drückende Hitze der Rhein-Main-Ebene gegen das kühlende Klima des Taunus einzutauschen.

Einzelbewertung

Apfelwein:

Speisen:

Ambiente:

Gesamtbewertung:

Hainmühle

Wilhelm Arnold, Mühltal 1
35315 Homberg (Ohm)
Telefon: 06633 315
Telefax: 06633 6268

E-Mail: w.arnold@hain-
muehle.de
Internet: www.hainmuehle.de

Öffnungszeiten:	Winter: 1. November bis 1. April, Montag bis Freitag ab 16:00 Uhr, Samstag, Sonntag und an Feiertagen ab 11:30 Uhr, Sommer: 1. April bis 1. November, täglich ab 11:30 Uhr
Reservierung:	Ja
Anfahrt:	A 5 bis Ausfahrt Homberg (Ohm), in Homberg Frankfurter Straße bis Frankfurthof, danach links abbiegen und der Beschilderung zur Hainmühle folgen

Oberhessisches Apfelgut

D ie alte Wassermühle an der Ohm ist der Apfel-
weinsatellit in Oberhessen. Willi Arnold keltert dort aus eigenem Streuobst kernig-sprit-
zige Apfelweine mit kräftigem Gerbstoff. In seinem
extrem kühlen Keller gären die Moste weit bis ins
Frühjahr und sind dadurch von bestechender Klarheit
und Frucht. Die grundsolide oberhessische Kost
genießt man in der gemütlichen Mühlenstube mit
freigelegtem Fachwerk. Jedes Jahr im April kommen
dort alle sieben Mitglieder der „Hessischen Wirtshauskelterer" zusammen, um zusammen ein 7-gängi-
ges Menü, begleitet von sieben Apfelweinen der sieben Kelterer, zu zelebrieren. Im Sommer sitzt man
herrlich auf der Apfelweinterrasse neben dem Mühl-
graben, von einer Holzpergola schützend bedacht.

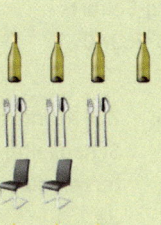

Einzelbewertung

Apfelwein:

Speisen:

Ambiente:

Gesamtbewertung:

Rhönschafhotel Zur Krone & Rhöner Schaukelterei

Jürgen Krenzer
Eisenacher Straße 24
36115 Ehrenberg-Seiferts
Telefon: 06683 96340

Telefax: 06683 1482
E-Mail: info@rhoenerlebnis.de
Internet:
www.rhoenerlebnis.de

Öffnungszeiten:	Zur Krone: täglich 10:00 bis 22:00 Uhr; Schaukelterei: auf Anfrage sowie in der Kelterzeit dienstags von 15:00 bis 18:00 Uhr
Reservierung:	Ja
Besonderheiten:	Im Herbst Schaukeltern, kreative Arrangements am Wochenende, R.A.S.T./Rhöner Apfelsherry Theater, Schäferwagenhotel in Streuobstwiese
Anfahrt:	In Ehrenberg-Seiferts direkt an der B 278 gelegen

Krenzers Rhön

"Aus der Rhön, für die Rhön: Anders als alle anderen, aber authentisch!" Jürgen H. Krenzer hat in Seiferts ein wahres Rhönerlebnis geschaffen. Ursprung ist der Gasthof Krone, der seit über 100 Jahren im Familienbesitz ist. Sukzessive baut er die einstige Schnitzel-Wirtschaft zum Rhönschafhotel mit vielen besonderen Angeboten um. Krenzer ist der Erfinder des Apfelsherrys, den er in seinen Kellern mindestens drei Jahre reifen lässt, bevor dieser entweder verkauft wird oder z. B. in Whiskyfässern weiterreift. Sortenreine Apfelweine aus Rhöner Streuobst sind das zweite Standbein der Schaukelterei. Zu den einfachen, aber köstlich-kreativen Gerichten des Rhönschafhotels – fast ausschließlich aus Rhönprodukten – passt auch das selbst gebraute Bier.

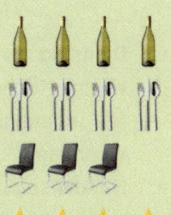

Einzelbewertung

Apfelwein:

Speisen:

Ambiente:

Gesamtbewertung:

Frankfurter Hof

Marianne Sprenger
Oberpfortstraße 2
65205 Wiesbaden-
Nordenstadt
Telefon: 06122 2467

E-Mail: handkaes@frankfur-
terhof.com
Internet: www.frankfurter-
hof.com
www.gourmetbembel.de

Öffnungszeiten:	Dienstag bis Samstag ab 17:00 Uhr geöffnet, warme Küche bis 22:00 Uhr
Reservierung:	Nur innen, nicht im Garten; mindestens eine Woche im Voraus!
Besonderheiten:	Handkäse aus eigener Herstellung in verschiedenen Marinaden, „Gruft" – gemütlicher Gewölbekeller für Veranstaltungen
Anfahrt:	A 66 bis Ausfahrt Nordenstadt, geradeaus, zwei Ampeln kreuzen, am Ende der Hunsrückerstraße links abbiegen, nach ca. 100 m auf der rechten Seite

Das Handkäs-Eldorado

D as ist kein Witz: Im Frankfurter Hof empfiehlt sich, eine Tischreservierung mindestens
eine Woche im Voraus vorzunehmen, denn
das Kultlokal in Nordenstadt ist längst kein Geheimtipp mehr. Handkäs-Fans aus allen Ecken Hessens pil-
gern in das duftende Eldorado. In die unterschiedlichs-
ten Marinaden wird die nach altem Familienrezept
hergestellte „Geheimwaffe" eingelegt. Cremiger, wür-
ziger, beschwipster, italienischer und spanischer
„Handy" stehen neben Handkäs mit Musik und
Spundekäs auf der Karte. Wer nicht gerade zu den
Handkäs-Jüngern zählt, kann auf gute Hausmanns-
kost zum selbst gekelterten Apfelwein bauen.

Einzelbewertung

Apfelwein:

Speisen:

Ambiente:

Gesamtbewertung:

Gasthof Wiesenmühle

Familien Idstein, Laudes und
Olbert
Wiesenmühle 11
65439 Flörsheim
Telefon: 06145 7155

Telefax: 06145 2641
E-Mail: info@gasthofwiesen-
mühle.de
Internet: www.gasthof-
wiesenmühle.de

Öffnungszeiten:	Mittwoch bis Sonntag sowie an Feiertagen von 11:00 bis 23:00 Uhr, Montag und Dienstag: Ruhetag
Reservierung:	Ja
Besonderheiten:	Apfelweinkelterei und Weingut; eigene Geflügelzucht
Anfahrt:	Die B 43 Richtung Flörsheim über die Ausfahrt Königstein/Flörsheim verlassen (B 519); dann rechts auf die Hochheimer Straße (L 3028) und nach 1,3 km rechts ab zur Wiesenmühle

Gackern im Apfelweinkeller

An erster Stelle der Getränkekarte findet man hier den selbst gekelterten Apfelwein, bravo! Nachfolgend eine große Auswahl eigener Weine aus den Lagen um Hochheim, Kostheim und Wicker. In der Wiesenmühle sitzt man in der gemütlichen Wirtsstube am Kachelofen und genießt den kräftig frischen Apfelwein. Ein Muss sind die Gerichte, die aus dem Fleisch der eigenen Geflügelzucht zubereitet werden. Der Genießer findet daneben Klassiker zum Apfel- und Traubenwein, wie Handkäs, Hausmacher Wurst, Frankfurter Schnitzel und dergleichen mehr. Hinter der Mühle lädt die Weinlage St-Anna-Berg mit der kleinen Kapelle und den angrenzenden Streuobstwiesen zu einem Spaziergang ein.

Einzelbewertung

Apfelwein:

Speisen:

Ambiente:

Gesamtbewertung:

Hof Gimbach

Magret Schiela
Hof Gimbach 1
65779 Kelkheim
Telefon: 06195 3241

Telefax: 06195 72213
E-Mail: hof-gimbach@hof-gimbach.de
Internet: www.hof-gimbach.de

Öffnungszeiten:	Montag bis Freitag ab 12:00 Uhr, Samstag und Sonntag ab 11:00 Uhr, Mittwoch Ruhetag
Reservierung:	Ja
Besonderheiten:	Apfelweinprobe im uralten Apfelweinkeller, Kelterfest September/Oktober, jeden Donnerstag Schinderhannes-Buffet
Anfahrt:	A 66 bis Ausfahrt 15 Kelkheim oder 16 Königstein; in Kelkheim am Bahnhof-Mitte in die Altkönigstraße, dann Gundelhardtstraße und dann rechts in den Gimbacher Weg

Tierisch gut

Der Gimbacher Hof ist ein echtes hessisches Erlebnis. Im großen Apfelweingarten sitzt man herrlich unter alten Kastanienbäumen und genießt den ehrlichen, selbst gekelterten Hausschoppen. Im Winter kehrt man in die gemütlichen Stuben mit offenem Kamin oder Kachelofen ein. Aus eigener Viehhaltung stammen die Rohstoffe für die Küche, die einfach und köstlich ist: deftig das Apfelweingulasch, mager und saftig die Rippchen mit Fass-Sauerkraut, in Apfelwein eingelegter Sauerbraten und zur Krönung Apfelmichel mit Rahmeis und Vanillesoße. Wer sich durchprobieren möchte, besucht den Hof donnerstags, wenn das Schinderhannes-Buffet aufgetragen wird.

Einzelbewertung

Apfelwein:

Speisen:

Ambiente:

Gesamtbewertung: ⭐⭐⭐

Schäfer Jakob – Gasthaus Zum Taunus

Heinz und Wolfgang Bender
Hornauer Straße 146
65779 Kelkheim
Telefon: 06195 911234

Telefax: 06195 911235
E-Mail: info@zumtaunus.de
Internet: www.zumtaunus.de

Öffnungszeiten:	Täglich von 11:00 bis 14:30 Uhr und ab 17:30 Uhr, Ruhetag: Mittwoch
Reservierung:	Ja
Besonderheit:	Keltertour auf der Apfelwein- und Obstwiesenroute, Kelterfest, im Herbst Freitag und Samstag Schaukeltern im Hof
Anfahrt:	Über die B 8 kommend, Ausfahrt Kelkheim-Hornau und in die Hornauer Straße einbiegen

Oma Annas Küche

Die 14 Kelterobstsorten für Benders Hornauer Apfelwein und den feinen Apfelschaumwein „Kelkheimer Hochgenuss" wachsen auf 1.200 Halbstämmen der eigenen Plantage. Zu den famosen Apfelweinen wird „Oma Annas Küche" mit Kulinarischem aus vier Jahrhunderten gereicht: Die pikante Apfel-Suppe, Goethes Brotzeit und das Schäufelchen mit Sauerkraut sind köstliche Begleiter für Benders Hochgewächse. Schäfer Jakob, wie das Gasthaus vom Volksmund genannt wird, ist seit 1774 im Besitz der Familie Bender und wird nun schon in der siebten Generation betrieben.

Einzelbewertung

Apfelwein:	🍶🍶🍶🍶
Speisen:	🍴🍴🍴
Ambiente:	🪑🪑
Gesamtbewertung:	⭐⭐⭐

Landgut-Hotel Dornrös'chen

Peter Merkel
Annelsbacher Tal 43
64739 Höchst-Annelsbach
Telefon: 06163 2484
Telefax: 06163 1787

E-Mail: info@dornroeschen-
annelsbach.de
Internet: www.dornroeschen-
annelsbach.de

Öffnungszeiten:	Täglich von 10:00 bis 22:00 Uhr; Ruhetag: Dienstag
Reservierung:	Ja
Besonderheit:	Annelsbacher Apfelweintag im Februar, monatliche wechselnde Kulinarien, Fondue-Abende im Winter, Carola Merkels Torte und Praline des Monats
Anfahrt:	L 3106, zwischen Höchst/Odw. und Höllerbach die Ausfahrt Annelsbach nehmen. Am Ende der Hauptstraße liegt das Gasthaus rechter Hand

Apfelweinprofessor und die Yellow Press

Peter Merkel gilt als der Erfinder des sortenreinen Apfelweins und presst jedes Jahr aus eigenem Streuobst mit seiner „Yellow Press" den Most für seine typisch milden Apfelweine. Seit über 15 Jahren veranstaltet Merkel, der den Spitznamen „Apfelweinprofessor" trägt, den Annelsbacher Apfelweintag – Nabelschau der Keltererszene, Forum für hitzige Diskussionen und versöhnliche Apfelweinproben. Neben der Kelterei zeichnet Peter Merkel für die Küche verantwortlich, wobei er den süßen Teil seiner Frau und gelernten Konditorin Carola abtreten durfte. Dort entstehen unglaubliche Dinge, zum Beispiel Handkäswaffeln. Jeden Monat gibt es neben der Apfelweinküche wechselnde Kulinarien. Nach einer Apfelweinprobe bettet man sich in einem der liebevoll ausgestatteten Apfel- oder Rosenzimmer.

Einzelbewertung

Apfelwein: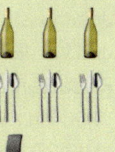

Speisen:

Ambiente:

Gesamtbewertung: ⭐⭐⭐

Treuschs Schwanen

Armin Treusch
Rathausplatz 2
64385 Reichelsheim / Odw.
Telefon: 06164 2226
Telefax: 06164 809

E-Mail: info@treuschs-schwa-nen.com
Internet: www.treuschs-schwanen.com

Öffnungszeiten: Johannsstube: täglich von 11:30 bis 14:00 Uhr und von 18:00 bis 23:00 Uhr, kein Ruhetag; Restaurant Treusch: Mittwoch bis Freitag ab 18:00 Uhr, Samstag und Sonntag ab 11:30 sowie ab 18:00 Uhr, Montag und Dienstag Ruhetag

Reservierung: Ja

Besonderheit: Treuschs Kochschule

Anfahrt: Von Frankfurt über die A 5 kommend die Abfahrt Bensheim nehmen. Von dort aus der B 47 bis Lindenfels folgen, dann weiter nach Reichelsheim. Der Schwanen befindet sich im Ortskern

Der Lokalpatriot

Treuschs Schwanen beherbergt gleich zwei Restaurants und einen Apfelweinkeller. Im Restaurant Treusch werden exquisite Weinmenüs serviert, wohingegen die Johannsstube für bodenständige Odenwälder Küche steht. Das Odenwaldgasthaus Johannsstube, in dem die sortenreinen Apfelweine von Armin Treusch ihre Liebhaber finden, ist in drei Bereiche unterteilt: der modernere Teil mit Theke und Stammtisch, die gediegene Stube mit gemütlichen Eckbänken und die Pomothek. Die köstlichen Gerichte des Odenwaldgasthauses sind aus Produkten Odenwälder Erzeuger zubereitet. Bouillabaise von der Odenwälder Lachsforelle, Kelterer-Steak und zum Dessert Apfelweineisparfait sind nur ein paar Beispiele der regional-kreativen Karte.

Einzelbewertung

Apfelwein:

Speisen:

Ambiente:

Gesamtbewertung: ⭐ ⭐ ⭐

Homburger Hof

Andreas Kimmel
Engelthaler Straße 13
60435 Frankfurt am Main
(Eckenheim)
Telefon: 069 95416242

Telefax: 069 95416243
E-Mail: info@bembelkultur.de
Internet:
www.bembelkultur.de

Öffnungszeiten:	Dienstag bis Freitag von 16 bis 24 Uhr, Samstag und Sonntag von 11 bis 24 Uhr – durchgehend warme Küche, Montag Ruhetag
Reservierung:	Ja
Besonderheiten:	Bembel-Kegelbahn, die kurzfristig auch zum feinen Festsaal umgebaut werden kann; ruhiger, überdachter Innenhof
Anfahrt:	Autobahn A 661, Ausfahrt Eckenheim, von der Jean-Monnet-Straße links Richtung Eckenheim abbiegen. Nach 350 m ist der Homburger Hof auf der linken Seite der Engelthaler Straße erreicht

Ein Ort für Bembelkultur

Frankfurter Lebensart par excellence. Andreas Kimmel bietet im Neuen Homburger Hof neben klassischer, grundsolider Frankfurter Küche eine für Frankfurt fast schon einmalige Apfelweinauswahl an. Neben seinem in Mammolshain selbst gekelterten Hausschoppen, der während der Gartensaison ausgeschenkt wird, bietet er eine große Produktpalette an: Kerniger „Wunderschoppen" der Kelterei Blankenbach aus dem Spessart, lieblichen Rosé-Apfelwein aus Hochstadt und eine erlesene Auswahl von Apfelweinspezialitäten aus dem Hause Nöll, der Kelterei Roter Hamm aus Frankfurt-Niederrad und der Wirtshauskelterei Zur Buchscheer in Frankfurt-Sachsenhausen.

Einzelbewertung

Apfelwein:

Speisen:

Ambiente:

Gesamtbewertung:

Schuch's Restaurant

Jürgen Schuch
Alt-Praunheim 11
60389 Frankfurt am Main
(Praunheim)
Telefon: 069 761005

Telefax: 069 7682674
E-Mail: info@schuchs-restaurant.de
Internet: www.schuchs-restaurant.de

Öffnungszeiten:	Dienstag, Donnerstag, Samstag, Sonntag und an Feiertagen 12:00 bis 24:00 Uhr, Montag und Freitag von 17:00 bis 24:00 Uhr, Mittwoch Ruhetag
Reservierung:	Ja, auch online
Besonderheit:	Große Auswahl selbst gekelterter Apfelweine, kulinarischer Apfelweinabend im Oktober, Schaukelterei im Herbst, Veranstaltungen bis 200 Personen, Kellerproben
Anfahrt:	Der K 814 folgen bis zur Abfahrt Alt-Praunheim (L 3440). Schuch's Restaurant befindet sich nach etwa 25 m rechts

Zeit für apfelfrische Sinnlichkeit

Jürgen Schuch formte aus dem Traditionsapfelweinlokal Zur Concordia Schuch's Restaurant, was die Apfelweinwirtshauskultur in Frankfurt revolutionierte. Bekommt man doch sonst in einem Apfelweinlokal häufig nur eine Sorte Apfelwein in den Varianten sauer und auch süß gespritzt, keltert Jürgen Schuch bis zu zehn verschiedene Varianten: Von Boskoop über Goldparmäne bis zu Apfel-Quittenwein und Apfelweinrosé. Die reintönigen Schoppen des Wirtshauskelterers sind erlesene Begleiter seiner kreativen Apfelküche. Denn auch in der Küche dreht sich (fast) alles um den Apfel. Der Erfinder des Apfelweinlokals 2.0, das mit sehr viel Liebe zum Detail dekoriert ist, lädt jeden Oktober zum kulinarischen Apfelweinabend ein, den er mit anderen Kultkelterern moderiert.

Einzelbewertung

Apfelwein:	🍾🍾🍾🍾
Speisen:	🍴🍴🍴
Ambiente:	🪑🪑🪑🪑
Gesamtbewertung:	⭐⭐⭐⭐

Zur Buchscheer

Robert Theobald
Schwarzsteinkautweg 17
60598 Frankfurt am Main

Telefon: 069 69537788
E-Mail: info@buchscheer.de
Internet: www.buchscheer.de

Öffnungszeiten:	Montag, Mittwoch bis Freitag von 16:00 bis 23:00 Uhr, Samstag von 12:00 bis 23:00 Uhr, Sonn- und Feiertag von 11:00 bis 23:00 Uhr
Reservierung:	Ja
Besonderheiten:	Musikfrühschoppen im Sommer; Präsentation „Erste Hessen" der Hessischen Wirtshauskelterer, Apfelweinverführung der Hessischen Wirtshauskelterer: ein Donnerstagabend im Mai, besinnliches Adventsgrillen am 4. Advent
Anfahrt:	Die Stresemannallee vom Main her kommend bis zum Ende fahren, nach links in die Gablonzer Straße einbiegen. Nach 100 m liegt die Buchscheer rechter Hand

Die Apfelweinquelle am Stadtwald

Unweit des Frankfurter Stadtwalds liegt die Traditionsgaststätte Zur Buchscheer, die Adam Theobald 1876 gründete. An dieser Stelle führten einst Schaf- und Schweinehirten ihre Tiere zur Bucheckernmast und weideten dort. Robert Theobald führt den Betrieb in fünfter Generation und keltert als einer von zwei Wirten in Sachsenhausen seinen kompletten Apfelweinbedarf noch selbst. In seinem Keller baut er den Hausschoppen, Sachsenhäuser Lebenswasser genannt, einige sortenreine Apfelweine und den „Wetterauer Bienenstich", einen Apfelwein mit Honig und Speierling, aus. Die Küche der Theobalds ist ausgesprochen gut und vielseitig. Der Kenner Frankfurter Spezialitäten kommt hier voll auf seine Kosten.

Einzelbewertung

Apfelwein:

Speisen:

Ambiente:

Gesamtbewertung:

Beim kelternden
Apfelweinwirt

meine Bewertungen im Überblick

1. **Rhönschafhotel Zur Krone** ★★★★
   Seiferts, S. 60
2. **Schuch's Restaurant** ★★★★
   Praunheim, S. 76
3. **Hainmühle** ★★★
   Homberg (Ohm), S. 58
4. **Zum Taunus** ★★★
   Kelkheim - Hornau, S. 68
5. **Wiesenmühle** ★★★
   Flörsheim, S. 64
6. **Hof Gimbach** ★★★
   Kelkheim, S. 66
7. **Dornrös'chen** ★★★
   Höchst - Annelsbach, S. 70
8. **Felsenkeller** ★★★
   Idstein, S. 54
9. **Treuschs Schwanen** ★★★
   Reichelsheim, S. 72
10. **Frankfurter Hof** ★★★
    Nordenstadt, S. 62
11. **Homburger Hof** ★★★
    Eckenheim, S. 74

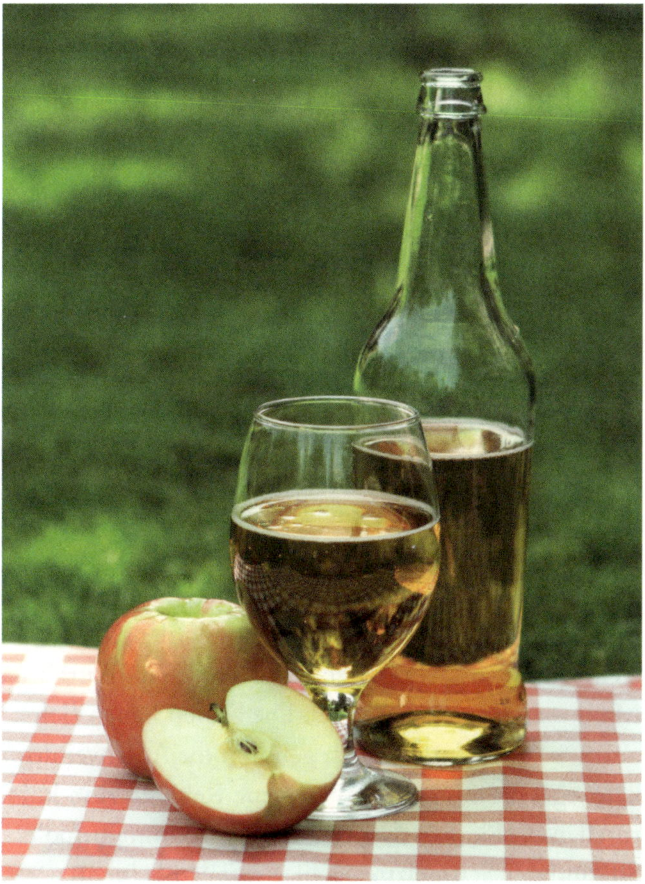

12. **Zur Buchscheer** ★★★
    Sachsenhausen, S. 78
13. **Zur Talmühle** ★★
    Neu-Anspach, S. 56

Äpfelweinwirte in Frankfurt und Umgebung

F rankfurt ist berühmt für seine urigen Apfelweinlokale. Einst kelterten alle Wirte ihren
Apfelwein selbst und schenkten den Schoppen
übers Jahr aus. Heute produzieren nur noch eine gute
Handvoll Apfelweinwirte den Jahresbedarf an Schoppen selbst. Der Großteil bezieht den Apfelwein von
Keltereien aus Frankfurt und dem Umland. Die heutige „Vereinigung der Äpfelweinwirte Frankfurt am
Main und Umgebung e. V.", in der die meisten
Apfelweinwirte organisiert sind, hieß bei ihrer Grün-
dung im Jahr 1919 noch „Vereinigung der Äpfelweinkeltereien mit eigenem Ausschank Frankfurt am
Main und Umgebung e. V". Die Zeiten haben sich
also stark geändert. Jedoch gehören die Apfelweinlokale, egal ob mit oder ohne eigene Kelterei, zum kul-
turellen und kulinarischen Erbe der Mainmetropole.
Sie sind der Schmelztiegel aller sozialen Schichten
und wichtiger Ort der Kommunikation. Vor allem
im „lustigen Dorf" Bornheim, in Alt-Sachsenhausen
und in vielen anderen Stadtteilen gibt es die Apfel-
weinschänken mit Frankfurter Küche. Nachfolgend
findet der geneigte „Schobbegänger" eine eher
persönliche Auswahl echter „Schobbetempel", die
durch Qualität und Atmosphäre zu überzeugen wissen. Klassiker sozusagen.

Apfelwein Solzer
Berger Straße 260
60385 Frankfurt-Bornheim
Telefon: 069 452171
Internet: www.solzer-frankfurt.de

Apfelwein Wagner
Schweizerstraße 71
60594 Frankfurt-Sachsenhausen
Telefon: 069 612565
Internet: www.wagner-frankfurt.de

Der Buchwald
Buchwaldstraße 22a
60385 Frankfurt-Bornheim
Telefon: 069 46003272
Internet: www.der-buchwald.de

Drei Steuber
Dreieichstraße 28
60594 Frankfurt-Sachsenhausen
Telefon: 069 622229

Frankfurter Äpfelwein
Botschaft – Kelterei Possmann
Eschborner Landstraße 154
60489 Frankfurt-Rödelheim
Telefon: 069 74305677
www.frankfurter-apfelwein-botschaft.de

Gasthaus Zum Löwen
Alt-Sossenheim 74
65936 Frankfurt-Sossenheim
Telefon: 069 341357
Internet: www.zumloewen-frankfurt.de

Mainlust – Desche-Otto
Hegarstraße 1
60529 Frankfurt-Schwanheim
Telefon: 069 356509
Internet: www.mainlust-schwanheim.de

Zum Einhorn
Alt-Bonames 2
60437 Frankfurt-Bonames
Telefon: 069 501328
Internet: www.gasthaus-zum-einhorn.de

Zum Gemalten Haus
Schweizerstraße 67
60594 Frankfurt-Sachsenhausen
Telefon: 069 614559
Internet: www.zumgemaltenhaus.de

Zum Rad
Leonhardsgasse 2
60389 Frankfurt-Seckbach
Telefon: 069 479128
Internet: www.zum-rad.de

Zur Schönen Müllerin
Baumweg 12
60316 Frankfurt-Nordend
Telefon: 069 432069
Internet: www.schoene-muellerin.de

... und sag niemals Apfel-
weinlokal zu ihm!

In dieser Kategorie sind Restaurants, Bars und Gasthöfe beschrieben, die zum einen nicht selbst keltern und nicht den traditionellen Apfelwein-lokalen zuzurechnen sind, aber andererseits eine interessante Apfelweinkarte und die passende Küche dazu anbieten.

Landsteiner Mühle – Das ApfelWeinBistrorant

Michael Stöckl
Landstein 1
61276 Weilrod
Telefon: 06083 346
Telefax: 06083 28415

E-Mail: mehlbox@landsteiner-muehle.de
Internet: www.landsteiner-muehle.de

Öffnungszeiten:	Täglich von 12:00 bis 24:00 Uhr, durchgehende Küche bis 21:00 Uhr, Donnerstag Ruhetag; von Januar bis März verkürzte Öffnungszeiten, s. Homepage
Reservierung:	Ja, auch online möglich
Besonderheiten:	Apfelweinschule mit Sensorikseminaren, großes Veranstaltungsgelände in der Kirchenruine Landstein für bis zu 500 Personen, fünf renovierte Apfelthemenzimmer ab 2013

Die Welt des Apfelweins

Seit den frühen 1990er Jahren ist die über 500 Jahre alte Landsteiner Mühle für ihre große Apfelweinkarte bekannt. Die ersten Apfelweinmenüs mit Kultkelterer Jörg Stier nahmen hier ihren Anfang. Heute ist die Apfelweinauswahl von Apfelweinsommelier Michael Stöckl mit gut 50 Positionen aus 8 Ländern und 20 Keltereien weltweit einmalig. Seit 2007 firmiert man als ApfelWeinBistrorant, ein Apfelweinlokal neuer Provenienz mit Elementen aus Apfelweinlokal, Restaurant & Bistro. Hier werden aus regionalen Zutaten nach Rezepten der unterschiedlichen Apfelweinregionen raffinierte Kreationen zubereitet und perfekt mit dem passenden Apfelwein abgestimmt. Das kann man abends während eines 4- oder 8-gängigen Probierma(h)ls in kleinen Portionen mit begleitenden Apfelweinen goutieren. Wer mehr übers Apfelweinschmecken lernen möchte, bucht einen Kurs in der Apfelweinschule.

Goldener Bock

Claus J. Viering
Altstädter Markt 1
63450 Hanau
Telefon: 06181 4349834
Telefax: 06181 4349835

E-Mail:
info@goldenerbock.com
Internet:
www.goldenerbock.com

Öffnungszeiten: Montag bis Donnerstag von 11:30 bis 24:00
Uhr, Freitag und Samstag von 11:30 bis 1:00
Uhr, Sonntag Ruhetag

Reservierung: Ja

Lust auf Hessen-Tapas?

Claus J. Viering macht schon viele Jahre mit raffinierten Kreationen rund um Handkäs', Blutwurst, Kraut und Co. auf sich aufmerksam. So gilt er doch als Erfinder der mittlerweile legendären Blutwurst-Lasagne. Auf der Karte findet man neben Grüner Soße auch viele Tapas nach hessischen Rezepten. Man möchte hier nicht aufhören zu bestellen. Im Goldenen Bock findet sich die bisher umfangreichste Apfelweinkarte, die eine Bar je hatte. Die Kelterei Jörg Stier aus Maintal-Bischofsheim, Vierings Haus- und Hoflieferant, liefert Hanauer Apfelwein, Krawallschoppen, Speierling, Emma-Schoppen, Bischemer Cidre und Red Cider. Der Hessen-Caipi mit Apfelwein ist eine witzig, köstliche Abwechslung zu den Cocktail-Klassikern der Bar.

Einzelbewertung

Wein: 🍾🍾🍾

Speisen: 🍴🍴🍴

Ambiente: 🪑🪑🪑🪑

Gesamtbewertung: ⭐⭐⭐

Flörsbacher Hof

Steffen Dietz
Vockeweg 1
63639 Flörsbachtal -
Flörsbach
Telefon: 06057 790

Telefax: 06057 1768
E-Mail: info@floersbacher-hof.de
Internet: www.floersbacher-hof.de

Öffnungszeiten:	Täglich von 11:30 bis 14:00 und von 17:30 bis 21:30 Uhr, Sonn- und Feiertag von 11:30 bis 21:30 Uhr durchgehend, von November bis April Montag Ruhetag
Reservierung:	Ja
Besonderheit:	Wildkräuter-Erlebnistage

Wilde Kräuter aus dem Räuberwald

E in Spessart-Räuber ist Steffen Dietz nicht, jedoch gilt er als Kräuterheld im Flörsbachtal. So sorgt er mit seiner Wildkräuterküche für Furore. Seit einiger Zeit gibt es im Flörsbacher Hof den Spessart-Matjes. Eine verrückte Idee, Forellenfilets wie junge Heringe in Salz einzulegen. Eine einma(h)lige Delikatesse. Der Kräuterräuber bietet gemeinsam mit Eberhard Glänzer Kräuter-Erlebnistage in seinem kleinen Landhotel an. Eine ausgesuchte Apfelweinauswahl der Kelterei Stier und der Rhöner Schaukelterei begleiten die gelungenen Küchenexperimente des wagemutigen Kräuterkochs. Nach dem letzten Schoppen empfiehlt es sich, die Nacht in einem der gemütlichen Spessart- oder Landgenusszimmer zu verbringen.

Einzelbewertung

Wein:

Speisen:

Ambiente:

Gesamtbewertung: ★★★★

Das Stadtcafé

Daniela und Stefan Baitinger
Hauptstraße 15
36088 Hünfeld
Telefon: 06652 9859980

Telefax: 06652 9859980
E-Mail:
martini@rhoentapas.de
Internet: www.rhoentapas.de

Öffnungszeiten:	Dienstag bis Samstag ab 17:00 Uhr, Sonntag ab 14:00 Uhr, Montag Ruhetag
Reservierung:	Ja
Besonderheiten:	Cocktailkurse, Brunch, Konzerte

Rhön-Tapas und Apfelsherry

Im jungen Stadtcafé in Hünfeld erlebt man Ungewöhnliches: Daniela und Stefan haben aus Rhöner und spanischen Produkten ständig wechselnde Tapas entwickelt. Die umfangreiche Apfelweinauswahl ist für eine Tapas-Bar etwas völlig Neues. Selbst gekelterter Apfelwein und -saft werden hier ausgeschenkt. Darüber hinaus serviert das Duo exquisite Apfelsherrys der Rhöner Schaukelterei, Cidres und KultApfel der Kelterei Elm sowie Sidra aus Nordspanien. Sidra aus Spanien sucht man in den vielen modischen Tapas-Bars Deutschlands dagegen meist vergeblich. Dass ausgerechnet in Hünfeld dieses Thema von zwei Deutschen aufgegriffen wird, ist bewundernswert. Die beiden gelernten Hotelfachleute bieten neben Cocktailkursen und Brunch ein Programm mit zahlreichen Konzerten an.

Einzelbewertung

Wein:

Speisen:

Ambiente:

Gesamtbewertung:

Gasthaus Zur Freiheit

Jürgen Katzenmeier
Freiheitsstraße 20
64385 Reichelsheim / Odw.
Telefon: 06164 1032

Telefax: 06164 912955
E-Mail: gasthaus@
zurfreiheit.de
Internet: www.zurfreiheit.de

Öffnungszeiten:	Von April bis Januar: Täglich ab 11:00 Uhr, Küche von 11:30 bis 14:00 und von 17:30 bis 21:00 Uhr, Dienstag Ruhetag; Öffnungszeiten von Februar bis März: Freitag bis Sonntag ab 11:00 Uhr, Küche von 11:30 bis 14:00 und von 17:30 bis 21:00 Uhr
Reservierung:	Ja, telefonisch und online
Besonderheiten:	Eigene Essigmanufaktur, Freiheitsgarten mit Grill

Apfelgenüsse „in Freiheit"

Odenwälder Genüsse par excellence genießt man in der „Freiheit". So verarbeitet Wirt Jürgen Katzenmeier fast ausschließlich Odenwälder Produkte der Saison. Der feine selbst gekelterte Freiheitsschoppen oder der Mollebusch-Birnenwein sind erlesene Begleiter der Katzenmeierschen Regionalküche. Eigene Obstbrände und flüssige Preziosen der Brennerei Dieter Walz stehen auf dem Digestif-Buffet neben den edlen Essigen von Jürgen Katzenmeier – sogar ein formidabler Paradiesapfelessig ist darunter. Eine besondere Erwähnung verdient der „Freiheitsgarten", eines der schönsten Gartenlokale weit und breit. Eingebettet zwischen Obstbäumen und Hecken ist jede Sitzgruppe individuell gestaltet. Ein großer Grill versorgt dort die Freiheitshungrigen mit saftigen Odenwälder Grilladen.

Einzelbewertung

Wein:

Speisen:

Ambiente:

Gesamtbewertung:

... und sag niemals
Apfelweinlokal zu ihm!

meine Bewertungen im Überblick

1. **Gasthaus Zur Freiheit**
   Reichelsheim – Odenwald, S. 96
2. **Flörsbacher Hof**
   Flörsbachtal – Spessart, S. 92
3. **Das Stadtcafé**
   Hünfeld, S. 94
4. **Goldener Bock**
   Hanau, S. 90

Landsteiner Mühle
Weilrod – Taunus, S. 88

Bett & Bembel

Hier nur noch eine kurze Auflistung von Apfelwein-Herbergen im Rhein-Main-Gebiet, in denen sich die Leidenschaft fürs gute Stöffche mit einer angenehmen Übernachtungsmöglichkeit verbinden lässt. Alle Herbergen wurden in den vorangehenden Kapiteln bereits ausführlich vorgestellt, so dass auf eine ausführliche Darstellung hier verzichtet wird.

Hotel Felsenkeller
Schulgasse 1, 65510 Idstein
Telefon: 06126 93110
www.hotel-felsenkeller-idstein.de

Landsteiner Mühle
Das ApfelWeinBistrorant & Apfelweinschule, Landstein 1, 61276 Weilrod, Apfelthemenzimmer ab 2013
Telefon: 06083 346
www.landsteiner-muehle.de

Rhönschafhotel Zur Krone
Rhöner Schaukelterei & Rhöner Apfelsherry-Theater
Eisenacherstraße 24, 36115 Ehrenberg-Seiferts
Telefon: 06683 96340
www.rhoenerlebnis.de

Hotel Flörsbacher Hof
Vockeweg 1, 63639 Flörsbachtal-Flörsbach
Telefon: 06057 790
www.floersbacher-hof.de

Landgut-Hotel Dornrös'chen
Annelsbacher Tal 43, 64739 Höchst / Odw.
Telefon: 06163 2484
www.dornroeschen-annelsbach.de

Die besten Apfelwein-
Manufakturen

Hier stellen wir die Keltereien vor, die ihre Produkte aus hessischem Streuobst herstellen und keine eigene Gastronomie betreiben. Es sind Manufakturen im wahrsten Sinne des Wortes: Häufig Einmannbetriebe oder Keltereien mit nur wenigen Mitarbeitern, die nichts dem Zufall überlassen.

Sie sind die mutigen Vorreiter in Sachen Innovationskraft und damit die Keimzelle der Revolution im „Gerippte", die seit gut 20 Jahren zu beobachten ist. Die Manufakturen haben es mit bescheidenen Mitteln geschafft, quasi ohne Werbeetat und vom Apfelwein-Establishment mit großem Argwohn begleitet, der Apfelweinszene einen dicken Stempel aufzudrücken und sie zu verändern.

Die Stilistik jeder Kelterei ist individuell: Der eine tendiert mehr zum Vorbild Traubenwein, ein anderer orientiert sich am klassischen Frankfurter Ebbelwei, der Nächste an Schäumendem aus der Champagne und wieder ein anderer schaut, wie es die Kollegen im Ausland machen. Ohne diesen Antrieb gäbe es heute nicht diese Apfelweinvielfalt, von der man vor nur zwei Dekaden kaum zu träumen gewagt hätte. Was im Kleinen vorgelebt wird, übernehmen die größeren Keltereien mittlerweile gerne. Der Apfelwein hat durch diese Wechselwirkung insgesamt einen großen Schritt nach vorne gemacht.

Apfelundwein

Ingrid und Wulf Schneider
Bohnheck 5
65527 Niedernhausen-
Oberjosbach
Telefon: 06127 967466

Telefax: 06127 697465
E-Mail: info@apfelundwein.de
Internet:
www.apfelundwein.de

Verkaufszeiten: Nach vorheriger Anfrage
Sortiment: Apfelperlwein, Jahrgangsapfelschaumwein, Apfelvinos aus sortenreinen Cuvées, Apfel-weinrosé, Apfelsaft Bag in Box

Der Streuobstaktivist im Nassauerland

Wulf Schneider ist einer der Motoren der Streuobstroute Nassauerland. In seiner kleinen Manufaktur bearbeitet er die Essenz der Streuobstwiesen des Nassauerlands von Ahrbergen bis Niedernhausen. Er stellte seine Produkte bereits auf der letzten spanischen Apfelweinmesse Sicér 2009 aus. Seine Apfelweinspezialitäten kann man auch in Jürgen Böhms Apfelweinstraußwirtschaft Schindtriescher Hütte in Oberjosbach verkosten.

Meine Wertung:

Apfelwalzer – Edelbrennerei Dieter Walz

Tucholskyweg 6
64658 Fürth / Odw.
Telefon: 06253 23280

Telefax: 06253 23281
E-Mail: info@apfelwalzer.de
Internet: www.apfelwalzer.de

Verkaufszeiten: Dienstag und Donnerstag von 17:00 bis
18:30 Uhr, Samstag von 10:30 bis 12:00 Uhr
oder nach Vereinbarung

Sortiment: Apfelwalzer – Jahrgangsapfelschaumwein,
Odenwälder Massik – Apfelperlwein, Odenwälder Edelbrände

Alles Walzer ...

Im Alter von 43 Jahren suchte Dieter Walz noch einmal das Risiko und gründete seine kleine Manufaktur im beschaulichen Örtchen Seidenbuch. In seinem Geburtshaus installierte der Diplom-Ingenieur Edelstahltanks und produzierte im Jahre 1989 den ersten Jahrgang seines Apfelwalzers, eines Schaumweins aus Apfelwein, so die korrekte Verkehrsbezeichnung. Die traditionelle Flaschengärung vollzieht der Apfelwalzer in einem alten Felsenkeller, in dem er kühl und langsam ein zweites Mal gären darf. Nebenan brennt der „Frucht-Alchimist", wie ihn ein Weinmagazin einst benannte, edle Brände aus den Früchten des Odenwalds. Sein Motto: „Ich fange die besonderen Aromen des Odenwalds ein und binde sie in Alkohol."

Meine Wertung:

Andreas Schneider –
Obsthof am Steinberg

Obsthof am Steinberg
Am Steinberg 24
60437 Frankfurt am Main -
Nieder-Erlenbach
Telefon: 06101 41522

Telefax: 06101 497484
E-Mail: info@obsthof-am-steinberg.de
Internet: www.obsthof-am-steinberg.de

Verkaufszeiten: Hofladen: täglich von 9:00 bis 19:00 Uhr,
                   Schoppenwirtschaft: siehe Seite 48
Sortiment: Sortenreine und lagenreine Apfelweine/-
                   säfte aus historischen und modernen Apfel-
                   sorten, Perlweine und Schaumweine in der
                   traditionellen Flaschengärung von trocken
                   bis lieblich

Der Apfelwinzer

Andreas Schneider, der innovative Kelterer aus Nieder-Erlenbach, kreiert seit den späten 1980er Jahren sortenreine Apfelweinspezialitäten, die durch opulente Frucht und Reinheit bestechen. Auf 13 ha Fläche baut Schneider über 40 verschiedene Obstsorten an. 1991 stellte er den Betrieb auf Bio-Produktion um und richtete ab 1995 seine Schoppenwirtschaft ein. Seither kann man sich an der Theke mit seinen flüssigen Preziosen, edlem Bio-Käse oder herzhaften Bratwürsten eindecken und im Apfelhain die sortenreinen Schoppen verkosten. Im angeschlossenen Hofladen ersteht man bestes Obst aus eigenem Anbau und hat die Auswahl aus rund 30 verschiedenen Apfelweinspezialitäten. Legendär ist Schneiders Apfelblütenfest, das alljährlich am 1. Mai stattfindet.

Meine Wertung:

Rhöner Schaukelterei

Eisenacher Straße 24
36115 Ehrenberg-Seiferts
Telefon: 06683 96340
Telefax: 06683 1482

E-Mail: info@rhoenerlebnis.de
Internet:
www.rhoenerlebnis.de
Webshop: www.rhoenerleb-
nis.de/shop

Verkaufszeiten: Kernhaus-Laden: täglich von 9:00 bis 20:00
Uhr, Zur Krone: täglich von 10:00 bis 22:00
Uhr, Schaukelterei: auf Anfrage sowie in der
Kelterzeit dienstags von 15:00 bis 18:00 Uhr

Sortiment: Sortenreine Apfelweine, Apfel-Sherry

Der Apfelwein-Regisseur

Jürgen H. Krenzer sorgt mit seiner Rhöner Schaukelterei für reichlich Furore. Sie steht mitten in „Krenzers Rhön", wie er seine Apfelwein-Erlebniswelt heute nennt. In dieser Rhöner Genuss-Enklave findet der Besucher neben der Kelterei das Rhönschafhotel mit historischem Apfelsherry-Keller, das Rhöner Apfelsherry Theater (R.A.S.T.), den Kernhaus-Laden und eine Streuobstwiese mit einem Schäferwagenhotel nebst „Wollness-Sauna". Zur Erntezeit hat man einmal pro Woche die Gelegenheit, in der Schaukelterei mitzukeltern. Der Kreativ-Stratege Krenzer gilt als der Erfinder des sogenannten Apfelsherrys, der offiziell Apfeldessertwein heißen muss. Aus säurebetonten Rhöner Lokalsorten keltert er einen konzentrierten Most, der in einem extrem langen Gär- und Reifeprozess zum Rhöner Apfelsherry wird. Nach mindestens drei Jahren Reife wird entschieden, ob das Produkt gefüllt wird oder in Glasballons, alten Whisky- oder neuen Barrique-Fässern weiterreifen darf.

Meine Wertung:

Brennerei & Sektmanu-
faktur Joachim Döhne

Hauptstraße 31
34270 Schauenburg-
Breitenbach
Telefon: 05601 4486
Telefax: 05601 4486

E-Mail:
kellereidoehne@aol.com
Internet & Webshop: www.kel-
lerei-doehne.de

Verkaufszeiten: Nach Absprache
Sortiment: Apfelschaumweine, Obstbrände

Schäumende Tradition aus dem Norden

Nordhessen gilt nicht unbedingt als Hochburg des hessischen Apfelweins. Um 1900 war die Gegend zwischen Bad Arolsen und Korbach bekannt für „Apfelchampagner", der als „German Champagne Cider" in alle Welt exportiert wurde. Joachim Döhne lässt diese Tradition in Schauenburg wieder aufleben. Er ist bekannt dafür, einen der besten Apfelschaumweine der Republik herzustellen. Er füllt zwei traditionelle Flaschengärungen ab: „Trocken" mit 20 g Restzucker und „Brut" mit 10 g. In seiner kleinen Brennerei destilliert er, was der nordhessische Obstgarten hergibt.

Meine Wertung:

Weidmann & Groh GbR

Reiner Weidmann &
Norman Groh
Ober-Wöllstädter Straße 3
61169 Friedberg-Ockstadt
Telefon: 06031 13060

Telefax: 06031 770396
E-Mail: mail@brennerei-ock-stadt.de
Internet: www.brennerei-ock-stadt.de

Verkaufszeiten: Donnerstag & Freitag von 10:00 bis 12:00
und von 16:00 bis 18:00 Uhr, Samstag von
10:00 bis 16:00 Uhr
Besonderheit: Verkostungen mit Brennereibesichtigung
nach Absprache
Sortiment: Sortenreine Apfelweine, Apfelperlweine,
Apfelschaumweine, Edelbrände

Der Apfel fällt nicht weit vom Kirschbaum

Im Kirschendorf Ockstadt errichtet Reiner Weidmann 1986 die erste Brennerei, in der die Früchte der Streuobstwiesen des Taunus und der Wetterau veredelt werden. Seitdem Schwiegersohn Norman Groh mit von der Partie ist, wird neben den destillierten Preziosen eine edle Apfelweinlinie mit sortenreinen Apfelweinen aus der Kaiser Wilhelm Renette, Goldparmäne und Boskoop sowie frischen Perlweinen, wie etwa dem würzigen Apfelquittenperlwein „Cydonia", gepflegt. Sehr interessant ist der Bohnapfel Rosé, der mit Zibarten auf der Maische vergoren wird: ein typisch kräftiger Bohnapfelwein mit einem Hauch Wildpflaume.

Meine Wertung:

Obsthof am Berg

Holger & Ralf Henrich GbR
Auf der Hohlmauer 2
65830 Kriftel
Telefon: 06192 42961
Telefax: 06192 41531

E-Mail: info@obsthof-am-berg.de
Internet: www.obsthof-am-berg.de

Verkaufszeiten:	Hofladen: Montag bis Freitag von 8:00 bis 18:30 Uhr, Samstag von 8:00 bis 13:00 Uhr
Sortiment:	Apfelwein, Apfel-Quitten-Tischwein, Apfel-Birnen-Tischwein, Apfel-Spätburgunder-Rosé, Apfelwein aus dem Holzfass, Apfelweinbrand aus dem Eichenholzfass

Obst in seiner schönsten Form

Ralf und Holger Henrich betreiben zusammen mit ihrem Vater Horst den Obstbaubetrieb mit eigener Kelterei und Brennerei bereits in der dritten Generation. Der milde Hausschoppen schmeckt sehr weinig. Stoffig laufen der Apfel-Quitten- und der Apfel-Birnen-Tischwein über die Zunge. Henrichs definieren den Begriff Fruchtwein völlig neu: Der Erdbeer- und Johannisbeerwein sowie der Kirsch-Secco sind flüssige Delikatessen. Mein Favorit ist der Rosé aus Spätburgunder und Äpfeln. Zugekaufte Riesling-Trauben aus Rheinhessen werden in Henrichs Keller zu einem feingliedrigen Wein in den Geschmacksrichtungen „trocken" und „feinherb" veredelt. Aus dem Obst des Vordertaunus werden beste Destillate gebrannt, die 2012 zum ersten Mal bei der weltweit wichtigsten Spirituosenmesse Destillata in Österreich vorgestellt wurden. Das Ergebnis: fünf Gold-, sieben Silber- und neun Bronzemedaillen sowie der Sprung unter die elf Besten der Welt und die Krönung als „Newcomer der Jahres 2012"!

Meine Wertung:

Kelterei Jörg Stier

Jörg Stier
Am Kreuzstein 25
63477 Maintal-Bischofsheim
Telefon: 06109 65099

Telefax: 06109 771336
E-Mail: infos@kelterei-stier.de
Internet: www.kelterei-stier.de

Verkaufszeiten:	Montag bis Donnerstag von 9:00 bis 18:30 Uhr, Freitag von 9:00 bis 19:00 Uhr, Samstag von 9:00 bis 14:00 Uhr
Sortiment:	Apfelwein, Apfelwein mit Schlehen, Eberesch und Speierlingen, Apfelschaumweine, Cidre, Cider, Zidra, Apfelsaft, verschiedenste Produkte rund um das „Stöffche"

Der Pionier

Kein anderer hat die Apfelweinszene in den letzten 20 Jahren so nachhaltig geprägt wie Jörg Stier. Als einer der Ersten bereitete er Apfelschaumweine nach klassischer Flaschengärung. Er verfolgt mehrere Richtungen: Zum einen bereitet er kräftige Apfelweine mit Speierling, Mispel, Quitte und Schlehe, zum anderen stellt er Cidres, Zidras und Ciders nach dem Vorbild ihrer Herkunftsländer her. Darüber hinaus erzählt er gern Geschichten vom Apfelwein in seinen Büchern. Während seiner moderierten Apfelweinabende in verschiedenen Gasthäusern erfährt man auf amüsante Art und Weise mehr über das Handwerk mit dem Apfel. Im Apfelladen bietet er neben seinen kernigen Schoppen, den Spezialitäten und seinen Büchern auch Apfelköstliches von regionalen Herstellern an.

Meine Wertung:

Matsch & Brei

Reinhard Kuball
Kelterei: Steinweg 10
35279 Speckswinkel
Telefon: 06692 1400
Telefax: 06692 204798
Vertrieb & Verwaltung:
Fritz-Erler-Straße 33

65207 Wiesbaden-Medenbach
Telefon: 06122 12691
Telefax: 06122 12697
E-Mail:
mail@matschundbrei.de
Internet: www.matschund-
brei.de

Verkaufszeiten: Speckswinkel: Mittwoch und Freitag von
                    14:00 bis 18:00 Uhr, Samstag von 9:00 bis
                    13:00 Uhr, Öffnungszeiten Medenbach: Don-
                    nerstag von 14:30 bis 18:00 Uhr
Sortiment: Apfelwein, Apfelcidre, Apfelweinbrand

Die Apfelweinkommune

Reinhard Kuball, der heutige Besitzer von Matsch und Brei, gründete 1978 mit vier MitstreiterInnen aus einer Frankfurter Wohngemeinschaft die basisdemokratische Apfelweinkelterei im oberhessischen Speckswinkel. Der Bioland-Apfelwein „E sauber Stöffche" war ihr erstes Produkt. Die Erhaltung der Streuobstwiesen ist den Gründern ein großes Anliegen, und sie sind deshalb auch Mitbegründer der Arbeitsgemeinschaft Streuobst Hessen e. V. (AStH). Die „Apfelweinkommune" setzt auf Direktvermarktung bei Festen und Feiern sowie auf die Belieferung der Gastronomie in Hessen. In vielen Kultureinrichtungen wird der Matsch-und-Brei-Schoppen seither ausgeschenkt. Im Laufe der Jahre wurde neben der Apfelweinkelterei ein Weinhandel für ökologische Weine installiert.

Meine Wertung:

Kelterei Herberth

Georg und Georg Peter Herberth
Im Kronthal 16
61476 Kronberg im Taunus

Telefon: 06173 4064
Telefax: 06173 4433
E-Mail: info@herberth.de
Internet: www.herberth.de

Verkaufszeiten: Montag bis Samstag von 8:00 bis 18:30 Uhr
Sortiment: Apfelweine, sortenreine Apfelweine, Apfelsecco, Apfelschaumwein, Apfelbrand

Der Apfelklassiker

„Apfelwein mild", „Urschoppen" und „Speierling" heißen die DLG-prämierten Klassiker der Kelterei aus dem Kronthal. Die Familie Herberth übernahm die frühere Betriebsstätte der Kronthaler Quellen. Neben den Klassikern produziert die Kelterei feine sortenreine Apfelweine vom Braeburn und Bohnapfel. Wer es stilvoller mag, goutiert den „Apfel-Klassiker", einen Apfelschaumwein nach traditioneller Flaschengärung, oder erfrischt sich mit dem Rosé-Secco „Pink Apple". Die Äpfel für die kernig-köstlichen Schoppen haben ihren Ursprung auf eigenen Bäumen oder den Bäumen von Zulieferern aus Kronberg und Umgebung.

Meine Wertung:

Kelterei Gerhard Nöll

Gerhard und Alexander Nöll
Alt-Griesheim 8
65933 Frankfurt am Main-
Griesheim
Telefon: 069 381422

Telefax: 069 397663
E-Mail: noell@noell-apfel-
wein.de
Internet: www.noell-apfel-
wein.de

Verkaufszeiten: Montag bis Freitag von 8:00 bis 13:00 und
                von 15:00 bis 18:30 Uhr, Dienstag und Sams-
                tag von 8:00 bis 13:00 Uhr
Sortiment: Apfelwein, sortenreine Apfelweine, Apfelperl-
                wein, Apfelschaumwein, Apfeldessertwein,
                Apfelsaft

Mainhattens flüssiges Gold

Für eine kleine Familienkelterei im beengten Griesheim ist das Sortiment schon beachtlich. Es reicht vom klassischen Apfelwein über sortenreine Apfelweine und Apfelsecco bis hin zu Apfelschaumwein. In ihrer Reinheit sind die Produkte aus der Nöll'schen Manufaktur kaum zu übertreffen. Vater Gerhard und Sohn Alexander sind der Apfelweinszene sehr verbunden und schlagen auf jedem Apfelwein-Event ihr Zelt auf. Wer den Volksauflauf meiden möchte, kann „Mainhattans flüssiges Gold" in Nölls gemütlicher Probierstube verkosten.

Meine Wertung:

Pomolo Obstweine

Wolfgang Lazard & Jürgen
Pfeiffer
Gronauer Weg 23
61184 Karben-Rendel

Telefon: 06039 939418
Telefax: 06039 939419
E-Mail: info@pomolo.de
Internet: www.pomolo.de

Verkaufszeiten: Nach Vereinbarung
Sortiment: Obstseccos aus Äpfeln, Birnen, Quitten,
Johannisbeere, Kirschen

Trinkt mehr Obst!

Der eigene, biologisch geführte Obstbaubetrieb liefert den Rohstoff für die unterschiedlichen Obst-Seccos. Die eigenen Lagen befinden sich in der Mainebene, am Berger Hang, im Vilbeler Wingert. Seit über 30 Jahren schon keltert man hier Apfelwein und hat seit 2007 auch den Secco im Blick – Entschuldigung – im Glas. Von Apfel über Birne, Quitte und Johannisbeere bis Kirsche reichen die Sorten. Kräftig im Alkohol und reif in der Frucht kommen diese eigenständigen Fruchtweine daher. Wolfgang Lazard und Jürgen Pfeiffer betreiben daneben noch die mobile Vilbeler Schaukelterei, die zum Apfel kommt. Man kann das Schaukelter-Event während der Kelterzeit für Betriebsfeste, Schulfeste usw. buchen.

Meine Wertung:

Die besten Pomotheken & Apfelweinhandlungen

omothek setzt sich aus den Worten Pomona und Vinothek zusammen. Pomona wurde im antiken Rom als Göttin der Baumfrüchte verehrt. Aus ihrem Namen leitet sich auch die Pomologie, die Lehre der Obstarten und -sorten sowie deren Bestimmung und systematische Einteilung ab. Der Begriff Pomothek tauchte zuerst bei den „Hessischen Wirtshauskelterern" auf. Die Idee dieses Netzwerks ist es, sogenannte Gebiets-Pomotheken einzurichten, die nach dem Vorbild der Vinotheken einzelner Weinbaustädte und -regionen funktionieren. Es wurde dabei absichtlich auf den Begriff der Vinothek verzichtet, um Verwechslungen mit Traubenprodukten zu vermeiden. In der letzten Zeit bewiesen einige Frankfurter Geschäftsleute den Mut, eigene Apfelweinhandlungen und Kaufhäuser für Apfelwein und hessische Produkte zu gründen. Dies zeigt einmal mehr, welches Entwicklungspotenzial im Apfelwein steckt.

Apfelweinhandlung
Jens Becker

Bornheimer Landstraße 18
60316 Frankfurt am Main
Telefon: 0176 35424235

Email: bestellung@apfelwein-handlung.de
Webshop: www.apfelwein-handlung.de

Öffnungszeiten: Dienstag bis Freitag von 14:00 bis 20:00 Uhr,
Samstag von 11:00 bis 16:00 Uhr

Die Ersten in Frankfurt

Vor der ersten Apfelweinhandlung in Frankfurt hängt der letzte echte Fichtenkranz Frankfurts, das Symbol für den Ausschank guter Apfelweine. Jens Becker bietet in dem kleinen Schoppenladen eine große Auswahl hessischer und nicht-hessischer Produkte. Verkosten kann man während der Öffnungszeiten, für Gruppen bis zehn Personen empfiehlt sich eine vorherige Anmeldung. Jeden Samstag von 12:00 bis 14:00 Uhr gibt es „Weck & Worscht" mit Wasserweck vom Frankfurter Bäcker, Gref Völsings-Frankfurter oder -Rindswurst, dazu eine Gewürzgurke und den Hausschoppen zum Probieren.

Apfelweinkontor

Kalveram & Rühl GbR
Wallstraße 13 (Eingang im Hof)
60594 Frankfurt am Main-
Sachsenhausen
Telefon: 069 90756100

E-Mail: post@apfelweinkon-
tor.de
Internet: www.apfelweinkon-
tor.de

Öffnungszeiten: Montag bis Freitag von 13:00 bis 19:00 Uhr,
                    Samstag von 10:30 bis 15:00 Uhr

Wein aus Äpfeln

Michael Rühl, Johannes und Konstantin Kalveram produzieren zusammen mit der Kelterei Rothenbücher im Kahlgrund den Streuobstschoppen „Wein aus Äpfeln", mit dem sie schon einige Preise abgeräumt haben. Dieser Topseller wird sogar bis nach Australien verschifft. 2012 haben die drei von der Apfelweintankstelle den nächsten Schritt gewagt und in Sachsenhausen ein längst fälliges Apfelweingeschäft eröffnet. Ein kleines, stetig wechselndes und wachsendes Sortiment nicht nur eigener Produkte soll den apfelweinverwöhnten Sachsenhäuser Gaumen verführen.

Obsthof am Steinberg
Am Steinberg 24
60437 Frankfurt am Main-Nieder-Erlenbach
Telefon: 06101 41522
E-Mail: info@obsthof-am-steinberg.de
Internet: www.obsthof-am-steinberg.de
Öffnungszeiten: April bis Oktober: täglich von 9:00
bis 19:00 Uhr; November bis März: Montag bis Freitag von 11:00 bis 18:00 Uhr, Samstag und Sonntag
von 10:00 bis 18:00 Uhr
Sortiment: Bio-Obst aus eigenem Anbau, Apfelweine,
sortenreine Apfelweine, Apfelcidre, Apfelschaumweine, Edelbrände, Fruchtsäfte

Hessen Shop
Leipziger Straße 49
60487 Frankfurt am Main
Telefon: 069 91318149
Diesterwegstraße 22, 60594 Frankfurt am Main
Telefon: 069 96233110
E-Mail: frankfurt@hessenshop.com
Internet und Webshop: www.hessenshop.com

Kaufhaus Hessen
Berger Straße 288
60385 Frankfurt am Main
Telefon: 069 36601917, Telefax: 069 36601918
E-Mail: info@kaufhaushessen.de

Internet: www.kaufhaushessen.de
Webshop: www.shop.kaufhaushessen.de
Öffnungszeiten: Montag bis Freitag von 10:00 bis
20:00 Uhr, Samstag von 10:00 bis 16:00 Uhr

Kelterei Nöll
Alt-Griesheim 8
65933 Frankfurt am Main-Griesheim
Telefon: 069 381422
E-Mail: noell@noell-apfelwein.de
Internet: www.noell-apfelwein.de
Öffnungszeiten: Montag bis Freitag von 8:00 bis
13:00 und von 15:00 bis 18:30 Uhr, Dienstag und
Samstag von 8:00 bis 13:00 Uhr
Sortiment: Apfelwein, sortenreine Apfelweine, Apfel-
perlwein, Apfelschaumwein, Apfeldessertwein, Apfelsaft

Pomothek in Schuch's Restaurant
Alt Praunheim 11
60489 Frankfurt am Main
Telefon: 069 761005
E-Mail: info@schuchs-restaurant.de
Internet: www.schuchs-restaurant.de
Öffnungszeiten: Dienstag, Donnerstag, Samstag und
Sonntag von 12:00 bis 24:00 Uhr, Montag und Frei-
tag von 17:00 bis 24:00 Uhr
Sortiment: Eigene Apfelweine

Tortilla meets Äppler

Berger Straße 12

60316 Frankfurt am Main

Telefon: 069 40353520

E-Mail: info@tortilla-meets-aeppler.de

Internet: www.tortilla-meets-aeppler.de

Öffnungszeiten: Montag bis Freitag außer Mittwoch von 9:00 bis 18:30 Uhr, Mittwoch von 9:00 bis 14:00 Uhr, Samstag von 10.00 bis 17:00 Uhr

Sortiment: Apfelweine aus Hessen, Sidra aus Spanien, Delikatessen

Obsthof am Berg

Auf der Hohlmauer 2

65830 Kriftel

Telefon: 06192 42961

E-Mail: info@obsthof-am-berg.de

Internet: www.obsthof-am-berg.de

Öffnungszeiten: Hofladen: Montag bis Freitag von 8:00 bis 18:30 Uhr, Samstag von 8:00 bis 13:00 Uhr

Sortiment: Apfelwein, Apfel-Quitten-Tischwein, Apfel-Birnen-Tischwein, Apfel-Spätburgunder-Rosé, Apfelwein aus dem Holzfass, Apfelweinbrand aus dem Eichenholzfass

Pomothek in der Landsteiner Mühle
Landstein 1
61276 Weilrod
Telefon: 06083 346
E-Mail: mehlbox@landsteiner-muehle.de
Internet: www.landsteiner-muehle.de
Webshop: www.pomothek.de
Öffnungszeiten: Täglich außer Donnerstag von 12:00
bis 21:00 Uhr
Sortiment: Apfelweine aus aller Welt, Edelbrände,
Bücher, Accessoires

Apfelladen in der Kelterei Stier
Am Kreuzstein 25
63477 Maintal-Bischofsheim
Telefon: 06109 65099
E-Mail: infos@kelterei-stier.de
Internet: www.kelterei-stier.de
Öffnungszeiten: Montag bis Donnerstag von 9:00 bis
18:30 Uhr, Freitag von 9:00 bis 19:00 Uhr, Samstag
von 9:00 bis 14:00 Uhr
Sortiment: Eigene Apfelwein-Spezialitäten, Apfel-
wein-Delikatessen, Bücher, Accessoires

Kernhaus-Laden in Krenzers Rhön
Eisenacher Straße 24
36115 Ehrenberg-Seiferts
Telefon: 06683 96340

E-Mail: info@rhoenerlebnis.de
Internet: www.rhoenerlebnis.de
Webshop: www.rhoenerlebnis.de/shop
Öffnungszeiten: Täglich von 9:00 bis 20:00 Uhr
Sortiment: Apfelweine und Apfel-Sherry der Rhöner
Schaukelterei, Rhöner Produkte

Apfelwein-Boutique im Dornrös'chen
Annelsbacher Tal 43
64739 Höchst-Annelsbach
Telefon: 06163 2484
E-Mail: info@dornroeschen-annelsbach.de
Internet: www.dornroeschen-annelsbach.de
Öffnungszeiten: Täglich von 10:00 bis 22:00 Uhr,
Dienstag Ruhetag
Sortiment: Sortenreine Apfelweine, Odenwälder Edel-
brände, Accessoires, Bücher, Körperpflegemittel

Pomothek in Treuschs Schwanen
Rathausplatz 2
64385 Reichelsheim / Odenwald
Telefon: 06164 2226
E-Mail: info@treuschs-schwanen.com
Internet: www.treuschs-schwanen.com
Öffnungszeiten: Täglich von 11:30 bis 14:00 Uhr
und von 18:00 bis 23:00 Uhr
Sortiment: Sortenreine Apfelweine, Odenwälder Edel-
brände, Accessoires, Bücher

Marken, Markantes & Marotten

Kultmarken

Szene-Schoppen für Berlin

„Fichtekranz" heißt der Bioapfelwein in kleinen, weißen 0,25 l-Fläschchen. Einen Apfelwein in völlig neuer Darreichungsform zu kreieren, der ein jüngeres Publikum auch außerhalb Hessens ansprechen soll, ist das Ziel von Martin Heil. Martin Heil, der mit seinem Bruder Christof die gleichnamige Kelterei im Taunus betreibt, vertreibt den Apfelwein zunächst in Berlin. Dort schlagen die beiden Sorten „Sauergespritzt" und „Süßgespritzt" in den Szenelokalen sehr gut ein. In Frankfurt am Main und Umgebung hat es der Fichtekranz in den kleinen Flaschen eher schwer. Die Akzeptanz der „Apfelweingeschworenen" für dieses mutige Design ist nicht besonders groß. Jedoch auf Veranstaltungen und in hiesigen Szenelokalen setzt sich der Fichtekranz immer mehr durch.

Kelterei Heil oHG
An den Obstwiesen, 35789 Laubus-Eschbach
Telefon: 06475 91310
Email: info@kelterei-heil.de
Internet: www.kelterei-heil.de & www.fichtekranz.de

Possmanns Äpfelwein-U-Boote

Werner Possmann kaufte der US-Army nach dem Zweiten Weltkrieg drei unfertige deutsche U-Boote ab. Er konstruierte daraus drei Großtanks mit jeweils 418.000 l Inhalt. Jeder dieser U-Boot-Tanks ist 21 Meter lang und sechs Meter hoch. Die Deutsche Kriegsmarine ließ die Riesen-U-Boote vom Typ XXI noch kurz vor Kriegsende als Vergeltungswaffe gegen die Alliierten in den Rhein-Main-Werften im Frankfurter Westhafen fertigen. Mit Tiefladern gelangten die U-Boot-Druckkörper aus 25 mm starkem Krupp-Stahl in Schalenform nach Rödelheim, um sie friedlich zu nutzen. Noch heute sind die U-Boote im Einsatz und beherbergen so manchen Apfelwein der Marken „Frau Rauscher", „Frankfurter Äpfelwein" oder „Big Äppler".

Kelterei Possmann
Eschborner Landstraße 156–162
60489 Frankfurt am Main
Telefon: 069 7899040
Email: info@possmann.de
Internet: www.possmann.de

KultApfel

Eine Idee der sieben Wirtshauskelterer Arnold, Krenzer, Merkel, Schuch, Stöckl, Theobald und Treusch. Auf einer Exkursion ins niederösterreichische Mostviertel kam den Apfelweinaktivisten der Einfall, einen gemeinsamen Apfelwein zu füllen. Dabei sollte der

Gemeinschaftsschoppen eine andere Zielgruppe ansprechen als die traditionellen Apfelweine. Etwas Restsüße und eine leichte Kohlensäurezugabe machen den „KultApfel" verführerisch und lassen Nicht-Apfelweintrinker schnell zu ebensolchen werden. Den „KultApfel" gibt es in drei Geschmacksrichtungen: „KultApfel weiß" aus Rhöner Biostreuobst, „KultApfel rosé" mit Johannisbeere sowie „KultApfel rot" mit Holunderbeere.

Kelterei Elm GmbH
Im Weiher 7, 36103 Flieden
Telefon: 06655 9800
Internet: www.kultapfel.de

Bembel.de
Bembel.de ist eine Werbeagentur mit Sitz in der Sachsenhäuser Klappergasse. Mitten im Apfelwein-Vergnügungsviertel haben sich die Macher dazu entschlossen, die Verjüngung der Apfelweinkultur maßgeblich zu unterstützen. So kreieren sie zahlreiche Merchandising-Artikel wie T- und Sweatshirts mit genialen Apfelweinmotiven. Robert Pillmann entwirft ständig neue verrückte Bembelmotive für den Bembelkalender von Bembel.de. Zu guter Letzt lassen sich die Werber aus der Klappergass' ihren eigenen Schoppen füllen: Ein sauergespritzter Apfelwein in der weißen 0,33 l-Longneck-Flasche mit dem passenden Namen: „Schobbe".

Bembel GmbH
Agentur für Reklame, Klappergasse 14, 60594 Frankfurt am Main
Internet: www.bembel.de
Webshops: www.kaufrauscher.de, www.schobbe.de, www.bembelkunst.de

Bembel-With-Care
Im Rahmen einer Diplomarbeit haben Benedikt Kuhn und Kjetil Dahlhaus die Marke „Bembel-With-Care" entwickelt. Nach dem Motto „Apfelweinkultur 2.0" sind sie auf ihrer Suche nach einer Kelterei, die bereit wäre, Apfelwein in Dosen abzufüllen, bei der Kelterei Krämer im Odenwald fündig geworden. Dort füllt man nun Apfelwein pur, sauer gespritzt und mit Cola in die frech designten Büchsen. Die Büchsenmacher aus Mannheim denken sich zudem lustige Merchandising-Artikel aus, z. B. T-Shirts oder einen schwarzen Bembel, der mittlerweile Kultstatus hat. Mit dem köstlich frischen Apfelwein in Dosen erobern sie die Wasserhäuschen der Stadt und den Einzelhandel. Eine tolle Idee.

Bembel-With-Care
Benedikt Kuhn, Werftstraße 15, 68159 Mannheim
Telefon: 0621 86257688
E-Mail: info@bembel-with-care.de
Internet: www.bembel-with-care.de

Pomp

Johanna Höhl entstammt der ältesten und größten Apfelweinkelterei in Hessen, der „Landkelterei Höhl" in Hochstadt. Sie ist in der Apfelweinszene als Botschafterin des Apfelweins äußerst umtriebig und hatte die Idee, den „Herrschaftsgespritzten" von einst wiederzubeleben. Dieses Mixgetränk trank vor gut 100 Jahren die feine Gesellschaft. Man verlängerte den Apfelwein nicht mit Sprudel, sondern veredelte ihn mit Sekt. Zusammen mit dem Weingut Allendorf im Rheingau füllt sie den Herrschaftsgespritzten „Pomp Classic", eine Mischung aus Rieslingsekt und Apfelwein. Gut 65% Riesling werden von 35% Apfelwein „geküsst". Glanzlichter der Pomp-Serie sind der „Pomp Seductive blanc" und „rosé". Dem Weißen liegt eine Cuvée aus feinstem Riesling und Champagnerbratbirne aus den Toplagen des Obsthofs am Steinberg zugrunde. Der Rosé ist mit einem Tupfer Cassis veredelt.

Pomp e. K.

Dr. Johanna Höhl-Seibel, Konrad-Höhl-Straße 10, 63477 Maintal-Hochstadt
Telefon: 06181 409952, Telefax: 06181 409943
E-Mail: pomp@pomp-hoehl.de
Internet: www.pomp-hoehl.de

Start-ups rund um den Apfel

Der Apfelwein hinterlässt überall seine Spuren. Immer mehr Produkte werden mit, aus oder für Apfelwein erfunden. Ein großes Spielfeld für Tüftler und Innovative öffnet die Apfelweinkultur 2.0, worunter im Folgenden Produktideen mit Nähe zum Apfelwein zu verstehen sind, die im Web vorgestellt und (auch) über Websites vertrieben werden.

Apfelweinseife
Sauberes Stöffche aus Heddernheim
Internet: www.die-seifenmanufaktur.de

Apfelweinsenf
Scharfes Stöffche aus der Frankfurter Senfgalerie
Internet: www.frankfurter-senfgalerie.de

Apfelweintrüffel
Feinste Pralinen mit Apfel, Apfelwein & Speierling
Internet: www.besselmann.biz

Frankfurter Rote Soße
Evert Kornmayer verlegt nicht nur Genussbücher, sondern verkauft auch Apfelwein in seiner Frankfurter Roten Soße.
www.kornmayers.de

Geripptes Licht
Windlichter im Rippenbecher-Design
Internet: www.andreamoseler.com

Rippi
Die gerippten Kunststoffbecher. Hessens Antwort auf
das Original einer schwedischen Möbelhauskette.
Internet: www.bembelbabe.de

Die besten Apfelwein-Webshops

Apfelweine
www.pomothek.de
www.rhoenerlebnis.de/shop
www.shop.kaufhaushessen.de
www.hessen-shop.com

Merchandising - Accessoires
www.bembel-with-care.de
www.kaufrauscher.de
www.shop.kaufhaushessen.de
www.hessen-shop.com

Apfelwein für's Smartphone
www.apfelweinapp.de
www.ibembel.de

Die schönsten Apfelwein-Veranstaltungen

Neben den unzähligen Apfelblütenfesten, Apfelmärkten, Kelter- und Apfelweinfesten sowie Verkostungen und Prämierungen der Hobbykelterer gibt es in Hessen bedeutende überregionale Veranstaltungen, die hier exemplarisch genannt sein möchten. Für alle lokalen Events fehlt leider der Platz, weshalb sich der geneigte Leser bei den im Buch genannten Verbänden im Bedarfsfall genauer erkundigen sollte.

Annelsbacher Apfelweintag
Ein Dienstag im Februar – Hotel Dornrös'chen – Annelsbach
Internet: www.hessische-wirtshauskelterer.de

Apfelwein im Römer – Jahrgangsverkostung
Ein Sonntag im März – Rathaus Römer – Frankfurt am Main
Internet: www.apfelwein-im-roemer.de

Apfelweinverführung
Jahrgangspräsentation der Hessischen Wirtshauskelterer. Ein Donnerstagabend im Mai – Zur Buchscheer – Frankfurt am Main
Internet: www.hessische-wirtshauskelterer.de

Blues, Schmus & Apfelmus
Ein Wochenende im August – Laubach
Internet: www.bluesschmusundapfelmus.de

Bundesebbelwoifest
Letztes Wochenende im August – Hanau
Internet: www.hanau.de

Der Erste Hesse
Vorstellung des Apfelwein-Primeurs der Hessischen
Wirtshauskelterer, Donnerstag vor dem 1. Advent –
Zur Buchscheer – Frankfurt am Main
Internet: www.hessische-wirtshauskelterer.de

Grüne Soße Festival
Der kulinarisch-kulturelle Wettbewerb, 8 Tage im
Mai – Roßmarkt – Frankfurt am Main
Internet: www.gruene-sosse-festival.de

Hessische Meisterschaft der Apfelweinkönige
Während des Oberurseler Brunnenfests im Juni

Internationales Apfelweinfestival
An zehn Tagen im August – Roßmarkt – Frankfurt
am Main
Internet: www.frankfurt-info.de

Keltertour
Im September – Streuobstwiesenroute zwischen Main
und Taunus
Internet: www.apfelweinroute-mtk.de

Naumburger Pomologentage
Ein Wochenende im Oktober – Naumburg
Internet: www.hessische-pomologentage.de

Rhöner Apfeltag
Im Oktober – Rhöner Schaukelterei, Seiferts
Internet: www.rhoenapfel.de

Wäldchestag
Frankfurter Nationalfeiertag am Dienstag nach Pfingsten
Stadtwald zwischen Oberforsthaus und Louisa
Internet: www.stadt-frankfurt.de

Apfelwein-ABC

Von A wie Abstich bis Z wie Zidra

Abstich
Den jungen Apfelwein nach der Gärung von der Hefe abziehen/abstechen. Dabei wird mit dem sogenannten Stechrohr der klare Apfelwein vorsichtig über der sich am Fassboden abgesetzten Hefe abgezogen.

Agraffe
Das Drahtgestell zum Fixieren eines Sektkorkens auf der Flasche wird als Agraffe bezeichnet. So wird trotz des in der Flasche herrschenden Drucks das Herausschießen des Korkens verhindert. Häufig wird die Agraffe von einem Plättchen (franz.: *capsule*, Champagnerdeckel) gehalten. Die Agraffe wird auch beim Apfelschaumwein verwendet.

Alkoholfreier Apfelwein
Für einen alkoholfreien Apfelwein gibt es im Grunde kein Bedürfnis. Zum Bier gibt es beispielsweise keine direkte alkoholfreie Alternative, daher haben sich dort alkoholarme bzw. -freie Produkte auch gut etablieren können. Beim Apfelwein besteht dagegen sehr wohl eine echte Alternative. Es stehen ein stark gespritzter Apfelwein (siehe „gespritzter Apfelwein") oder Apfelsaft zur Verfügung. Bei einem säurebetonten Apfelsaft aus Direktsaft haben die Konsumenten eine Vielzahl hochwertiger Produkte zur Auswahl, welche das Angebot eines alkoholfreien Apfelweins entbehrlich machen.

Alternanz
Bei den Hochstamm-Apfelbäumen der Streuobstwiesen alterniert der Ertrag von einem zum anderen Jahr sehr stark. D. h. auf ertragsstarke Jahre folgen bei vielen Sorten schwächere Jahre, in denen sich der Baum „erholt". Dies ist einer der

Gründe, warum im intensiven Obstbau auf die Streuobstwiesen weitestgehend verzichtet wurde, da die stark schwankenden Ernten und die Preisentwicklungen wirtschaftlich schwer planbar sind. Aufgrund der Alternanz der Hochstämme hat man in früheren Jahren die Obstwiesen mit unterschiedlichen Sorten bepflanzt, um die Alternanz der einzelnen Sorten auszugleichen. Alternanz (von mittellateinisch *alternantia*, französisch *alternance*) oder Alternation (von mittellateinisch *alternatio*, englisch *alternation*) bezeichnet allgemein einen regelmäßigen Wechsel zwischen zwei Zuständen.

Apfelbier
Auf der Suche nach einer regionalen Alternative zum mit Zitronenlimonade gemischten „Radler" (Bier mit Wasser oder Limo) entwickelte die kleine Rhöner Familienbrauerei „Rother Bräu" unter der Federführung der „Rhöner Apfelinitiative" (siehe „Rhöner Apfelinitiative") und ihrem Vorsitzenden Jürgen Krenzer im Jahre 1996 ein eigenes Apfelbier. Hergestellt wird dies aus ihrem bekannten Öko-Bier mit einem zugesetzten naturtrüben Öko-Apfelsaft. So entstand ein bei jungen Leuten sehr beliebtes Biermischgetränk.

Apfeldorf
Zur Förderung der Kultur der Streuobstwiesen sind bereits einige Orte in die Offensive gegangen und haben sich selbst als „Apfeldörfer" definiert. Dazu zählen das Apfeldorf Hausen in der bayerischen Rhön, Wehrheim im Taunus, Naumburg in Nordhessen und auch das Rhöner Apfeldorf Seiferts. In Österreich haben sich im Burgenland Kukmirn und in der Steiermark Puch als Apfeldörfer einen Namen gemacht.

Apfel-Eiswein
Einen Apfel-Dessertwein aus konzentriertem Apfelsaft bezeichnet man als Apfel-Eiswein. Die Mostkonzentration kann auf mehrere Arten erfolgen. Kryoextraktion: Apfelsaft wird in Kunststofffässern über mehrere Tage eingefroren. Die sich an der Oberfläche bildende Eisschicht besteht hauptsächlich aus Wasser. Die anderen Bestandteile wie Zucker, Extrakt, Säure,

Gerbstoffe werden von dem dicker werdenden Eis nach unten gedrückt. Hat der Most die nötige Konzentration, so wird er von unten abgezogen und vergoren. Aufgrund der Konzentration verbleibt im Apfel-Eiswein ein hoher Zucker- und Säuregehalt. In Kanada werden bei der Cidre-de-Glace-Herstellung die Äpfel eingefroren, bevor sie gekeltert werden. Reife Äpfel werden im September („Fall") geerntet, eingekellert und im Januar bei Dauerfrost eingefroren. Die tiefgefrorenen Äpfel werden in großen Retzmühlen gemahlen und sofort in Bandpressen ausgepresst. Die Ausbeute ist sehr gering und der Saft bereits konzentriert. Danach kommt die Kryoextraktion (wie voran beschrieben) zum Tragen. Die Königsklasse der Cidres de Glace ist die Winterernte (Winter Harvest). Hierbei werden die Äpfel im Januar und Februar tiefgefroren geerntet und sofort ungemahlen in großen Korbpressen gekeltert. Die Ausbeute ist extrem gering und der gewonnene Saft ein nektarartiges Getränk.

Apfelessig

Ausgangsbasis des Apfelessigs ist Apfelmost. Daraus wird zunächst Apfelwein. Aus dieser alkoholhaltigen Basis entsteht durch weitere Fermentation Essig. Kleinbetriebe produzieren Apfelessig direkt aus frischem Apfelsaft, der aufgrund der Nichterhitzung und Nichtfiltration bedeutend mehr Inhaltsstoffe enthält. Denn dem Apfelessig wird eine Reihe positiver Eigenschaften nachgesagt. Er soll bei einer innerlichen Anwendung Beschwerden wie beispielsweise erhöhte Blutfettwerte, Asthma, Orangenhaut, Magenprobleme und Ähnliches lindern, entwässernd wirken und der Verdauung zuträglich sein. Fußpilz, Hautprobleme, Sonnenbrand, Schuppen sollen durch seine äußere Anwendung zu lindern sein. Als Grund für diese Wirkung wird der hohe Gehalt bestimmter Inhaltsstoffe wie Kalium, Kalzium und Pektin angeführt. Diese sollen auch der Grund dafür sein, dass durch tägliche Einnahme von zwei Teelöffeln Apfelessig (mit Honig und Wasser vermischt) eine Gewichtsabnahme erzielt werden kann. Wissenschaftliche Untersuchungen können diese Eigenschaften aber (noch) nicht bestätigen. Da der Apfelessigtrunk auch keine Nebenwirkungen und Kontraindikationen auslöst, zählen hier nur die Erfahrungsheilkunde sowie die Eigenbeobachtung.

Apfelperlwein/Apfel-Secco

Perlwein (franz.: *vin pétillant,* ital.: *vino frizzante,* ch: *Sternliwein*) ist ein „halbschäumender Wein". Aus Apfelwein hergestellte Perlweine werden als Apfelperlwein bezeichnet. Sie enthalten Kohlendioxid und haben einen maximalen Druck von 2,5 bar bei 20°C. Für die Perlweinherstellung kommen zwei Verfahren in Frage:

1. Das Kohlendioxid stammt nicht aus der Gärung des Weines, sondern wird im Imprägnierverfahren durch Anwendung von Druck und Kühlung im Apfelwein gelöst, der dann unter Druck in die Flasche gefüllt wird. Verkehrsbezeichnung: „Apfelperlwein mit zugesetzter Kohlensäure".

2. Das Kohlendioxid resultiert aus erster Gärung: Bei diesem Verfahren wird der Apfelmost (Süßer) vor Ende der alkoholischen Gärung durch (mehrfache) Hefeentfernung und Kaltlagerung süß gehalten. Der zuckerhaltige Jungwein wird im Druckbehälter – das kann auch eine Flasche sein – zum höchstmöglichen Druck weiter vergoren. Die neu gebildete Hefe wird durch Filtrieren entfernt, wenn keine Trübung erwünscht ist. Bekannt ist diese Apfelweinspezialität unter dem Namen „Cidre".

Apfelschaumwein

Schaumwein ist der Oberbegriff für Weine, die aufgrund ihres Gehalts an Kohlendioxid unter Druck stehen und beim Einschenken schäumen; der Überdruck aufgrund des gelösten Kohlendioxids muss bei 20°C mindestens 3 bar betragen. Der Kohlensäuredruck entsteht durch zweite Gärung des Apfelweins. Man unterscheidet drei Herstellungsverfahren:

1. Traditionelle Flaschengärung: Indem man einem vergorenen Apfelwein Zucker und Hefe (Fülldosage) beifügt und das Gemisch in einer druckfesten Flasche abgeschlossen vergärt, bleibt das entstehende Kohlendioxid im Wein. Das im fertig vergorenen Schaumwein verbleibende Hefedepot wird auf Rüttelpulten (Pupitre) in den Flaschenhals gerüttelt. Die nach dieser Prozedur auf dem Kopf stehenden Flaschen werden von der

Hefe befreit, indem die Flaschenhälse im Stickstoffbad vereist werden. Der Eis-Hefe-Pfropfen wird dann durch Öffnen der Flasche entfernt (Degorgieren). Die Fehlmenge wird mit einer Versanddosage aus Apfelwein und ggf. Zucker ergänzt.

2. Flaschengärung (Transvasier-Verfahren): Die Gärung findet wie bei dieser ebenfalls sehr traditionellen Methode in der Flasche statt. Nach der Gärung werden alle Flaschen geöffnet, der Inhalt in große Drucktanks gefüllt und die Hefe mittels Filter entfernt. Danach wird der Schaumwein mittels Druckfüller abgefüllt.

3. Tankgärverfahren (Charmat-Verfahren): Die zweite Gärung des Schaumweins findet in großen Drucktanks statt. Erst der fertige Schaumwein wird in Flaschen gefüllt.

Apfel-Sherry/Apfel-Dessertwein nach Sherry-Art
1979 erstmals vom damaligen Teenager und heutigen Inhaber der „Rhöner Schaukelterei", Jürgen Krenzer, durch Zufall entwickelter Apfel-Dessertwein, der stark oxidiert. Apfel-Sherry entwickelt seine optimale Qualität erst nach mehr als drei Jahren der Lagerung, die auch in Holzfässern erfolgen kann.

Apfelsorten
Weltweit sind 30.000 Apfelsorten bekannt. Wichtig für die Apfelweinbereitung ist die Wahl der richtigen Apfelsorten. Hierfür kommen vornehmlich alte Apfelsorten aus Streuobstwiesen in Frage, da sie die wichtigen Säurewerte und Aromen erbringen. Seit einigen Jahren gibt es auch erfolgreiche Experimente mit neu gezüchteten Tafelobstsorten, die einen milden Apfelwein-Charakter erzeugen. Wichtige Apfelsorten sind neben den unzähligen Lokalsorten Bittenfelder, Winterrambur, Borsdorfer, Rheinischer Bohnapfel, Schafsnase, Bischofsmütze, Trierer Weinapfel, Boskoop, Brettacher, Kaiser Wilhelm und verschiedene Renetten- Arten. In Hessen werden noch bis zu 1.000 alte Apfelsorten registriert. Der größte in Deutschland bekannte Wildapfelbaum befindet sich im mecklenburg-vorpommerischen Ort Stubbendorf. Er wird auf 250 Jahre geschätzt und misst 4,5 m Stammumfang.

Apfelwein

Der aus frisch gekeltertem Apfelsaft vergorene Fruchtwein wird als Apfelwein bezeichnet. Was ein handwerklich gekelterter Apfelwein wirklich ist, daran scheiden sich die Geister. Oder auch nicht. Entscheidend ist letztlich aber immer der Geschmack. Grundsätzlich ist ein handwerklich-traditioneller Apfelwein ein Wein aus frischem Apfelsaft, der im selben Herbst vergoren wird, ähnlich wie beim Winzer. Allerdings ist ein herbstvergorener Frischsaft noch lange kein Garant für einen guten Apfelwein. Denn auch bei der Herstellung eines handwerklichen Apfelweins können Fehler unterlaufen. Um den Apfelweinen eine größere Beachtung und Wertschätzung bei den Konsumenten einzuräumen, ist neben dieser Art der Herstellung vor allem auch eine konsequente Anwendung von Qualitätskriterien erforderlich. Bleibt aber noch zu erwähnen, dass es zum Glück keine industriell hergestellten Apfelweine in Hessen gibt. Zwar werden Apfelweine in größeren Chargen oder aus eingelagertem Fruchtsaft produziert, aber diese als „industriell" zu bezeichnen, wäre mehr als irreführend. Für so erzeugte Apfelweine gibt es bislang keine eindeutig abgrenzbare Bezeichnung gegenüber den zuvor beschriebenen Produkten aus handwerklich-traditioneller Erzeugung. Es wäre aber wünschenswert und für die Verbraucher von besonderem Interesse, wenn ihnen diese auf das Produktionsverfahren bezogenen Informationen auch transparent (z. B. über das Etikett) gemacht werden könnten. Dies stellt dann keine Abwertung oder Qualitätsaussage dar, sondern dient einer kundenorientierten Offenheit über die angewandte Kelterkultur. Apfelwein ist aber immerhin das einzige alkoholische Getränk der Welt, das in allen Produktionsländern noch in sehr übersichtlichen Einheiten und zu erschwinglichen Preisen hergestellt wird.

Apfelweinkulturen

In allen europäischen Apfelweinregionen hat sich eine jeweils spezifische Kultur rund um dieses Produkt und dessen Spezialitäten entwickelt. Dafür steht zum Beispiel die besondere Kultur des Einschenkens bei der spanischen Sidra oder die hervorgehobene Glas- und Flaschenkultur beim österreichischen Most. Die Hessischen Wirtshauskelterer haben eine Apfelweinkultur-Reihe aufgelegt, um die – leider verdrängten – Besonderheiten der hessischen Apfelweinkultur wieder bewusst zu machen und aktiv weiterzuentwickeln. Dazu gehören die Bewahrung der bisherigen Glaskultur, aber auch deren kreative Weiterentwicklung, die Reaktivierung der Apfelwein-Gartenwirtschaft als Einrichtung und Begriff sowie die Kultivierung des Ausbaus zu neuen Apfelweinkreationen aus der schier unvorstellbaren Sortenvielfalt.

Apfelwein-Sommelier

Die Aufgabe eines Sommeliers (franz. für Weinkellner oder früher Kellermeister) ist es, korrespondierende Weine zum Menü zu empfehlen und den Weinkeller zu pflegen. Einen Sommelier, der es versteht, die passenden Apfelweinempfehlungen zu Speisen zu geben, nennt man Apfelwein-Sommelier. Als erster Apfelwein-Sommelier und Erfinder dieser Fachrichtung gilt Michael Stöckl, Mitglied der Hessischen Wirtshauskelterer. Seit Mitte der 90er Jahre bringt er in der Landsteiner Mühle im Taunus den richtigen Apfelwein zum gewählten Mahl auf den Tisch. Er hält eine enorme Auswahl exquisiter Apfelweine aus aller Welt bereit. In Österreich gibt es unter dem Begriff des Most-Sommeliers bereits einen entsprechenden Verein und demzufolge ist dieser Teil der Apfelweinkultur dort auch bereits weiter verbreitet.

Apfelstraßen

Um die Erlebbarkeit der Apfelregionen zu erhöhen, sind in zahlreichen europäischen Apfel- und Obstregionen Erlebnisrouten oder touristische Themenstraßen entstanden. Die Bekannteste unter ihnen ist sicherlich die Moststraße im gleichnamigen Mostviertel in Niederösterreich, die einen Verlauf von rund 200 km Länge umfasst. Aber auch die Steirische Apfelstraße mit einer Länge von 25 km nordöstlich von Graz, die das bedeutende Apfeldorf Puch umfasst, gehört zu diesen bekannteren Apfelrouten. In Deutschland ist vor allem die Viezstraße – Route du Cidre – bekannt, die von Siersburg bis nach Conz an der Mosel verläuft und dabei auch französische und luxemburgische Viez-Genießer anspricht. Die Hessische

Apfelwein- und Obstwiesenroute umfasst mehrere Regional-schleifen und wird über den „Apfelboten" in Form einer eige-nen Zeitung zweimal jährlich mit ihren Terminen beworben. Die Apfelstraße Lallinger Winkel verbindet Selbstvermarkter, Brennereien und Märkte im Bayerischen Wald, und in der Rhön sind durch die Rhöner Apfelinitiative (siehe „Rhöner Apfelinitiative") eine Vielzahl von Aktivitäten rund um die Streuobstwiesen der bayerischen, hessischen und thüringischen Rhön entstanden, die zunehmend nun auch in eine Rhöner Apfelerlebnis-Route münden. Und schließlich gibt es noch die Ernst-Kumpf-Route, eine Apfel-Erlebnisroute von Ludwigs-burg bis Bietigheim, die als eine Wander- und Radroute durch die württembergische Streuobstregion führt. Als jüngste pomo-logische Themenroute ist die Fränkische Moststraße 2006 eröffnet worden, die insgesamt zehn Städte und Gemeinden der Region Hesselberg umfasst.

Asturien

Asturien ist die „grüne Oase" und Milchkammer Spaniens, von der Küste bis zu den hohen Bergen der Picos de Europa werden daher Milchkühe gehalten. Diese Landschaft verfügt aber aus gleichen Gründen auch über eine Fülle wertvoller Obstwiesen. Eine besondere Spezialität Asturiens ist daher die Sidra, ein preisgünstiger Apfelwein. Asturien erstreckt sich zwischen dem Golf von Biskaya im Norden und dem Kantabrischen Gebirge im Süden. Politisch grenzt es im Westen an Galicien, im Süden an Kastilien-León und im Osten an Kantabrien. Die Küste nennt sich Costa Verde, hier befinden sich auch die schönsten Strände Spaniens. In der ganzen Region herrscht ozeanisches Klima, das sich stark vom heißen und trockenen Klima in Zen-tral- und Südspanien unterscheidet. Eine Besonderheit kenn-zeichnet die Apfelwein-Kultur (siehe „Apfelwein-Kultur") in Spanien. In Asturien gibt es zahlreiche „Sidrerias", wo die Sidra auf charakteristische Weise ausgeschenkt wird – „el escanciado": Der Kellner, „Escanciador" genannt, hält ein Glas so tief wie möglich in einer Hand und gießt die Sidra aus einer Flasche mit erhobenem Arm über Kopf ein, so dass sie auf den oberen Glas-rand plätschert. Erst auf diese Weise wird die Sidra dekantiert und entwickelt ihr Aroma. Die Gäste am Tisch teilen sich zumeist ein Glas. Die Böden der Sidrerien sind mit Sägemehl ausgestreut, um die Rutschgefahr zu verringern. Die Eingänge der traditionellen Sidrerien sind daher in der Regel schon von Weitem deutlich erkennbar.

Bembel
Steinzeugkrug aus dem Kannebäckerland (Westerwald). Aus dem Bembel werden offene Apfelweine ins „Gerippte" eingeschenkt.

Biet
Als Biet bezeichnet man bei den traditionellen Apfel-Packpressen die Wanne, in der die Maische mit Hilfe von Leinentüchern und Zedernholzrosten eingepackt und anschließend hydraulisch ausgepresst wird. Der frisch gepresste „Süße" sammelt sich im Biet und läuft von dort in den Auffangbehälter.

Brand aus Apfel- oder Birnenwein
Laut VO (EWG) Nr. 1576/89 wird eine Spirituose „Brand aus Apfel- oder Birnenwein" genannt, die durch ausschließliches Destillieren von Apfel- oder Birnenwein hergestellt wird. Der Mindestalkoholgehalt beträgt 47,5 % Vol., der Gehalt an flüchtigen Nebenbestandteilen mindestens 200 g/hl reinen Alkohols, an Methanol höchstens 1.000 g/hl reinen Alkohols. Die Destillation ist so zu gestalten, dass das Destillat das Aroma und den Geschmack der verwendeten Frucht behält und weniger als 80 % Vol. an Alkohol aufweist.

Brennerei
Eine Brennerei, oft auch Destillerie genannt, dient der Herstellung von stark alkoholhaltigen Spirituosen aus nur schwach alkoholhaltigen Ausgangsstoffen. Die Aufkonzentrierung des Alkohols erfolgt nach dem Prinzip der Destillation. In diesem Zusammenhang wird jedoch stets vom Brennen gesprochen. Als Brennerei oder Destillerie werden sowohl das Gebäude, in dem die benutzten Apparaturen stehen, als auch das betreffende Unternehmen bezeichnet.

Calvados

Der Name des französischen Departements Calvados in der Normandie bildet die nach französischem Recht geschützte Bezeichnung für den im Gebiet der Normandie, der Bretagne und des Maine erzeugten Brand aus Apfelwein. Seine Bernsteinfarbe und sein besonderes Bukett erhält er durch Lagerung in Eichenholzfässern. Er hat oft 50 % Vol. Alkohol oder mehr, mindestens aber 40 % Vol. Calvados ist eine geschützte geografische Herkunftsangabe laut VO (EWG) Nr. 1576/89 (siehe „Brand aus Apfel- und Birnenwein").

Cider/Cidre

„Cidre" ist die französische Bezeichnung für Apfelwein und wird im deutschen Sprachraum vor allem für die aus Frankreich stammenden moussierenden Apfelweine verwendet. Diese werden aus verschiedenen Apfelsorten vergoren. Traditionell wird der Cidre aus „Bols" getrunken – kleinen Tassen oder Schalen. Auf den Britischen Inseln genießt der Cider heute die größte Popularität. Es gibt verschiedene englische Cider-Marken, die zum Teil weltweit erhältlich sind, so zum Beispiel Woodpecker, Bulmer's und Strongbow. In Somerset wird traditionell Cider in kleinen landwirtschaftlichen Betrieben oder für den Hausgebrauch hergestellt. In vielen britischen oder irischen Pubs gehört der Zapfhahn für Cider vom Fass neben dem für Bier zur selbstverständlichen Einrichtung. Es befinden sich dort auch naturtrübe Cider-Varianten im Handel.

Cidre-Herstellung nach „bäuerlicher Art"

Für die Herstellung werden Apfelsorten mit hohem Tanningehalt verwendet. Die Fermentierung (Gärung) findet bei relativ niedrigen Temperaturen von 4°C bis 15°C statt, was einen wesentlichen Einfluss auf die Dauer der Fermentierung und somit auf das Aroma hat. Kurz bevor der Zucker vollständig durch die Hefen umgesetzt (fermentiert) ist, wird der Cidre in neue Fässer umgefüllt. Die meisten Hefen und Schwebstoffe verbleiben im alten Fass. Das neue Fass wird ohne Lufteinschluss gefüllt und dicht verschlossen. Durch Fermentation des restlichen Zuckers entsteht dann die Kohlensäure und macht den Cidre haltbar. Der Cidre ist in kurzer Zeit trinkfertig, kann aber auch zwei bis vier Jahre lang im Fass gelagert werden. Manche Cidre-Sorten, vor allem in Asturien, werden auch nach der „Méthode champenoise" hergestellt. Cidre dient zudem als Ausgangsprodukt für die Destillation von Calvados.

Deckel
Gedrechselter Holzdeckel. Passt auf ein „Geripptes" zum Schutz vor Mücken und herabfallenden Blättern in der Gartenwirtschaft.

Destillieren
Die Destillation (lat. *destillare* – „herabtröpfeln") ist ein thermisches Trennverfahren, um ein flüssiges Gemisch verschiedener, ineinander löslicher Stoffe zu trennen. Die Siedepunkte der einzelnen Komponenten liegen hierbei relativ nah zusammen. Typische Anwendungen der Destillation sind das Brennen von Alkohol und das Destillieren von Erdöl in der Raffinerie. Bei der Destillation wird zunächst das Ausgangsgemisch zum Sieden gebracht. Der entstehende Dampf, der sich aus den verschiedenen Komponenten der zu trennenden Lösung zusammensetzt, wird in einem Kondensator (z. B. Liebigkühler im Labormaßstab) kondensiert. Im Anschluss wird das flüssige Kondensat aufgefangen. Die Trennwirkung beruht auf der unterschiedlichen Zusammensetzung der siedenden Flüssigkeit und des gasförmigen Dampfes. Die Destillation von Alkohol zu Genusszwecken bezeichnet man als Brennen, die benutzte Destillationsapparatur entsprechend als Brennerei und das Produkt häufig als Brand. Im Gegensatz zur Destillation im Kontext der Chemikalienherstellung ist hierbei nicht die Gewinnung eines möglichst reinen Stoffs das Ziel, sondern die Gewinnung einer wohlschmeckenden Mischung aus Alkohol, Wasser und Aromen.

Drehverschluss
Da zunehmend Apfelweine auch in der Flasche abgefüllt, mit nach Hause genommen und in der Flasche auf den Tischen der Gastronomie präsentiert werden, spielt der Verschluss inzwischen auch eine qualitative Rolle. Wie beim Wein zählen die

Korkfehler zu den Genussverderbern, wenn die mit bestimmten Mikroorganismen behafteten Naturkorken die Freude am Apfelweingenuss verderben. Während es beim Wein dazu eine ganze Reihe von Alternativen gibt, setzt sich beim Apfelwein zunehmend der Drehverschluss durch. Er verhindert, dass sich der Wein in der Flasche in seinem Geschmack und Charakter zum Nachteil verändern kann, denn die Technik ist sauber, unkompliziert und der Apfelwein vor allem auch wiederverschließbar. Bisweilen wird der Drehverschluss von den Verbrauchern noch mit der Nähe zu billigen Erfrischungsgetränken assoziiert. Der tatsächlich mit dem Drehverschluss verbundene Qualitätsgewinn für den Apfelwein muss daher auch den Verbrauchern kontinuierlich vermittelt werden.

Ebbelwei

Apfelwein wird in Süd- und Mittelhessen, in Frankfurt und in Unterfranken auch „Ebbelwei", „Ebbelwoi", „Äppelwoi", „Äbbelwoi" oder „Stöffche" genannt. Bei dem in den Medien häufig verwandten Begriff „Äppler" handelt es sich allerdings nicht um eine traditionelle Bezeichnung, sondern um einen Kunstnamen, der in den achtziger Jahren von Großkeltereien zu Werbezwecken eingeführt wurde. In traditionellen Apfelweingaststätten wird der Apfelwein meist schlicht als „Schoppen" (frankfurterisch „Schobbe") bezeichnet.

Ebbelwei-Express

Berühmte Straßenbahn in Frankfurt, die fahrplanmäßig oder als Sonderfahrt nutzbar ist. Der VGF in Frankfurt am Main gibt gerne Auskunft über den Fahrplan. Das Besondere: In dieser Tram wird Apfelwein ausgeschenkt, und man fährt einmal quer durch die Mainmetropole.

Ebbelweischiff

Ein unten komplett geschlossener Tragekorb für zwölf Apfelweingläser. Damit „nix verschit" geht.

Elevator (Schnecken-Elevator)

Ein Elevator ist ein mechanischer Stetigförderer für die Senkrechtförderung von Äpfeln in die Maischemühle einer Apfelweinpresse. Dieses energiegünstige Fördermittel wurde schon in die ersten automatisierten Getreidemühlen vor etwa 250 Jahren eingebaut. Der Begriff „Elevator" stammt aus den Betrieben der Mühlen- und Futtermittelindustrie. Außerdem bedeutet *elevator* im anglo-amerikanischen Sprachgebrauch Personenaufzug.

Erster Hesse

Im Jahr 2005 haben die Hessischen Wirtshauskelterer zur Neubelebung der Apfelwein-Kultur die Tradition begonnen, ihre ERSTEN HESSEN – die Jung-Apfelweine desselben Jahres – erstmalig jeweils vor dem 1. Advent vorzustellen. Damit präsentieren sie ihre „Primeur-Produkte" und greifen den Brauch zahlreicher Weinbau- und Apfelweinregionen Europas auf, ihre Jungweine einer interessierten Öffentlichkeit vorzustellen, wie z. B. das österreichische Mostviertel am 8. November oder der französische Beaujolais am 15. November. Im gesamten Dezember können in allen Betrieben der Hessischen Wirtshauskelterer deren Jung-Apfelweine als ERSTE HESSEN genossen werden. Der frische, prickelnde Geschmack eignet sich bestens zu einer kreativen Apfel- und Apfelweinküche, wie sie auch zur Philosophie der Wirte gehört.

Fassprobe

Die „Fassprobe", auch „Zwickelprobe" nach dem Ablasshähnchen (kurz Zwickel) genannt, ermöglicht den Kellermeistern oder Kelterern, Proben zu entnehmen, um den Reifeprozess des Apfelweins zu kontrollieren und ggf. einzugreifen.

Faulenzer

Kippbares Metallgestell für große Bembel. Damit wird das Ausschenken aus den schweren Krügen erleichtert.

Feingeripptes

Peter Merkel und Armin Treusch aus dem Odenwald, beide Mitglieder der Hessischen Wirtshauskelterer, waren die ersten Kelterer, die Apfelweine sortenrein pressten. Armin Treusch kredenzte dazu schon vor langer Zeit seine sortenreinen Apfelweine in einem ansprechenden Stielglas. Auf Initiative der Wirtshauskelterer wurde dann ein dünnwandiges Stielglas entwickelt, in dem besondere Apfelweine ausgeschenkt werden sollen. Das „Feingerippte" war geboren. Der Name stammt von der feinen Raute des Wirtshauskelterer-Logos, das an diesen Gläsern angebracht ist. Auch der „KultApfel" (siehe „KultApfel") wird in einem eigens entwickelten Stielglas präsentiert.

Gären / Gärungsvorgang

Die Gärung ist ein Stoffwechselprozess, bei dem unter Sauerstoffabschluss (Anaerobie) Kohlenhydrate zum Energiegewinn abgebaut werden. Sie wird in der Natur vor allem von Mikroorganismen genutzt, jedoch können auch Pflanzen unter Sauerstoffmangel auf sie zurückgreifen. In den Muskeln führt Sauerstoffmangel zu einer erhöhten Milchsäuregärung. Gärungen werden vielfältig zur Herstellung und Veredelung von Lebensmitteln genutzt (vor allem die alkoholische Gärung und Milchsäuregärung). Im Vergleich zur Zellatmung wird bei Gärungen nur eine geringe Menge Energie gewonnen, da statt Citratzyklus und anschließender Atmungskette nur die Substratkettenphosphorylierung genutzt werden kann. Zwei wichtige Arten von Gärungen sind:
1. Die alkoholische Gärung, bei der durch Hefen Kohlenhydrate in Ethanol (Alkohol) und Kohlendioxid umgewandelt werden. Die alkoholische Gärung ist der wesentliche Prozess bei der Herstellung aller alkoholischen Getränke sowie von Brot und Hefegebäck.
2. Die Milchsäuregärung, bei der Zucker in Milchsäure verstoffwechselt wird. Milchsäuregärung findet zum Beispiel bei der Herstellung von Joghurt, Sauerkraut oder Silage statt.

Gartenwirtschaft

Die Gartenwirtschaft (im Südhessischen auch der „Gaade") stellt die traditionelle Bezeichnung der Außengastronomie in den typischen Apfelweinregionen dar. Es liegt daher nahe, dass im Sinne einer gelebten Apfelweinkultur auch die Bezeichnung Apfelwein-Gartenwirtschaft, Apfelwein-Garten oder Apfelgarten gewählt werden sollte. Im Apfelland Hessen hat es traditionell keine Biergärten gegeben, die ohnehin für eine eindeutig definierte Kultur der Münchner Freiluftgastronomie (in Oberfranken der „Keller") standen.

Geripptes

Ein „Geripptes" ist ein Glas mit einer speziellen gerippten Außenstruktur. Es wird zum Trinken von Apfelwein benutzt. Die spezielle gerippte Musterung der Gläser ist darauf zurückzuführen, dass früher oft ohne Besteck gegessen wurde und Gläser ohne Musterung leichter durch die dann fettigen Hände glitten. Heutzutage dient das Muster des „Gerippten" vor allem der Wahrung der Apfelweinkultur und stellt ein Wiedererkennungsmerkmal für den Genuss von Apfelwein dar. Das Gerippte wird in der Regel in den Größen 0,25 Liter und 0,5 Liter geführt. Traditionell fasst es allerdings 0,3 Liter. Da die Bembel, das traditionelle Ausschankgefäß des Apfelweins in den ganzen und halben Litergrößen gefertigt sind, verblieben bei 0,3 l-Gläsern oftmals Fehlmengen im Bembel. So hat sich letztlich das 0,25 l-Glas durchgesetzt.

Gespritzter Apfelwein

Ein mit natriumarmem Mineralwasser gemischter Apfelwein. Gespritzter Apfelwein (auch „sauergespritzt" genannt) wird vor allem im Sommer als leicht alkoholische Erfrischung getrunken.

Herrschafts-Gespritzter

Bezeichnung für einen mit Sekt oder Schaumwein gespritzten Apfelwein, der früher nur den „Herrschaften" vorbehalten war.

Hessische Wirtshauskelterer

Bei den Hessischen Wirtshauskelterern handelt es sich um Gastwirte, die alle ihren Apfelwein noch selbst keltern und auch Streuobst von eigenen Apfelwiesen verwenden. Sie verstehen sich in diesem Sinne als die „Winzer des Apfelweins". Sie

kultivieren außerdem eine Küche, die sich auf Apfelwein konzentriert, und präsentieren eine regionale hessische Jahreszei-
tenküche. Durch diesen Ansatz leistet der Unternehmenszu-
sammenschluss einen eigenverantwortlichen Beitrag zur
Entwicklung der Apfelweinkultur.

Jahrgang

Wie auch beim Wein spielt der Jahrgang beim Apfelwein eine
ganz entscheidende Rolle für seinen Geschmack. Die unter-
schiedliche Anzahl von Sonnentagen, die Witterungsverhält-
nisse während der Apfelblüte oder die Intensität der Sonnen-
scheindauer während der letzten Tage vor der Ernte, all dies
spielt eine Rolle bei der späteren Qualität des Apfelweins. Der
Jahrgang beeinflusst daher wie beim Wein die Qualität, den
Charakter und natürlich auch die verfügbare Menge des im
jeweiligen Jahr geernteten Obstes und des daraus gekelterten
Saftes bzw. Apfelweins.

Jahrgangs-Apfelwein

Apfelwein eines bestimmten Jahrganges, wie der Name schon
andeutet. Eigentlich eine Domäne der Winzer, doch vor knapp
20 Jahren durch die Kelterer Jörg Stier, Peter Merkel, Armin
Treusch und Jürgen Krenzer erstmals auch für Apfelwein
erfolgreich angewendet.

Kelterei/Keltern

Eine Kelter (von lateinisch *calcatorium* – „Fußtretung" nach
der früheren Arbeitsweise) ist eine Presse zur Wein- bzw. Saftgewinnung. Verkürzt wird die Bezeichnung auch für das Kel-
terhaus verwendet, also den Raum oder das Gebäude, in dem
diese Presse steht. Keltern (von lat. *calcare*: „mit den Füßen
treten") bezeichnet das Pressen von Weintrauben oder anderen Früchten. Die Früchte liegen meist in bereits zerkleinerter
Form (Maische) vor, um die Saftgewinnung zu erleichtern.
Oft wird Keltern auch synonym für die Weingewinnung im
Allgemeinen verwendet („Wein wird gekeltert", d. h. hergestellt).

Kelteräpfel

Typisch für Kelteräpfel ist, dass sie zu den spät blühenden Apfelsorten zählen und einen höheren Säuregehalt als Tafeläpfel aufweisen. Zumeist handelt es sich hierbei um alte Apfelsorten von sogenannten Hochstämmen (Bäume mit einem Astwuchs ab 180-220 cm Höhe).

Maische

Zur Herstellung von Obstbränden und zum besseren Auspressen zu Saft wird das Obst grob zermahlen. Die Maische besteht aus feinen Obststückchen und dem ausfließenden Most. Dieses Gemisch wird vergoren und danach gebrannt oder ausgepresst, der Obstsaft wird weiter zu Wein vergoren.

Mispel

Die Mispeln (*Mespilus*) – nicht zu verwechseln mit Misteln – sind eine Gattung, die zur Unterfamilie der Kernobstgewächse (*Maloideae*) in der Pflanzenfamilie der Rosengewächse (*Rosaceae*) gehört.

Mispel-Apfelwein

Apfelwein, dem vor der Gärung zerkleinerte Mispeln zugegeben wurden, welche den Charakter des Weines in Richtung mild-harmonisch bis nussig beeinflussen.

Most

Als Most (lat. *mustum*) wird allgemein der durch Keltern (Pressen) gewonnene Fruchtsaft bezeichnet. In der Schweiz, in Vorarlberg, in Oberösterreich, im niederösterreichischen Mostviertel, in Kärnten, in Teilen der Steiermark sowie in Süddeutschland versteht man unter „Most" gefilterten oder ungefilterten Apfel- oder Birnenwein („saurer Most"). „Süßmost" hingegen wird dort der frisch gepresste und unvergorene Fruchtsaft genannt. Wegen seiner Obstweinproduktion und der Verwendung von Birnen und Äpfeln wird das südwestliche Viertel von Niederösterreich „Mostviertel" genannt. Dasselbe gilt für den Schweizer Kanton Thurgau, der lokal als „Mostindien" bezeichnet wird. Im Passauer Land gibt es ebenfalls noch viele traditionelle Mostbauern.

Mostwaage

Eine Mostwaage oder Oechsle-Waage ist ein Gerät zur Bestimmung des Mostgewichtes, also der Dichte von Traubenmost. Im Grunde handelt es sich um eine Senk- bzw. Spindelwaage (Aräometer) mit angepasster Skalenteilung. Senkwaagen zur Qualitätsbestimmung des Mostes werden seit über 300 Jahren verwendet, jedoch wurden sie erst in den 1820er Jahren vom Pforzheimer Mechaniker Ferdinand Oechsle mit einer praktischen Skala, der nach ihm benannten Oechsle-Skala, versehen. Diese ist vor allem in Deutschland gebräuchlich. Oechsles Erfindung beruht auf der Erkenntnis, dass eine Zuckerlösung schwerer als Wasser ist. So ging er bei der Gradeinteilung seiner Waage vom spezifischen Gewicht des Wassers aus: Besitzt der Most das spezifische Gewicht 1,075, zeigt die Oechsle-Waage 75 Grad an. In Österreich wird in Klosterneuburger Zuckergraden gemessen, wobei 1° etwa 5° Oechsle entsprechen.

Neuer Heller

So bezeichnet man umgangssprachlich den frisch vergorenen Apfelwein zu Anfang des neuen Jahres. Er wurde als Ergänzung des Apfelwein-Primeurs ERSTER HESSE der Hessischen Wirtshauskelterer vom Verband der Hessischen Apfelwein- und Fruchtsaft-Keltereien kreiert.

Obstbrand

„Obstler" oder „Obstbrand" bezeichnet eine Spirituose, die aus verschiedenen Früchten wie z. B. Birnen, Äpfeln oder Zwetschgen hergestellt wird. Die Früchte werden gemaischt und diese Maische wird einer alkoholischen Gärung unterworfen. Daraus wird durch Destillation, man spricht vom Brennen, ein Obstbrand gewonnen. Bei Spirituosen aus Getreide spricht man von Schnäpsen. Die Qualität eines Obstbrandes hängt wesentlich von der Qualität der zur Herstellung verwendeten Früchte ab. Das Brennobst sollte die optimale Genussreife erreicht haben, damit ein ausgeprägtes und sortentypisches Aroma vorhanden ist. Je höher der

Zuckergehalt, desto größer ist die Alkoholausbeute. Um Branntweinfehler zu vermeiden, muss das Obst frei von Erde, Gras und Blättern sein. Unreife, faule, verschimmelte und schlecht ausgebildete Früchte sind nicht geeignet. Sie enthalten wenig Zucker und kaum gute Aromastoffe. Verwendet werden alle Arten von Obst, bei den Äpfeln z. B. Rheinischer Bohnapfel, Rambour, Gravensteiner, sämtliche Renetten, Brettacher, Cox Orange, Kaiser Wilhelm, Trierer Weinäpfel, Boskoop usw. An Birnen werden z. B. verwendet: Weinbirne, Mostbirne, Gelbmöstler, Alexander Lucas Birne, Flaschenbirne, Schweizer Wasserbirnen, Williams Christbirne, Gräfin von Paris und weiteres Obst und Steinobst.

Oechsle

„Oechsle" bezeichnet das Mostgewicht von Obstmost, gemessen in Grad Oechsle (vgl. Mostwaage).

Oechsle-Waage

Bestimmt man im Saft mittels „Mostwaage" (Oechsle-Waage = Senkspindel = Spindel = Aräometer) den Zuckergehalt in „Grad Oechsle" (°Oe), so kann man direkt auf den Alkoholgehalt im vergorenen Wein schließen: X °Oe geteilt durch 8 ergibt Y Gramm Alkohol im Liter. (Dieser Bezug gilt angenähert nur für Werte zwischen 50° Oe und 100° Oe. Darunter stört meistens der Säuregehalt, und darüber bekommt die Hefe vom vielen Zucker Verdauungsprobleme.) Eigentlich wird die Dichte (früher „spezifisches Gewicht") bestimmt. Dabei gilt: Mostgewicht in °Oe = (Dichte – 1) x 1000. Misst man also beispielsweise 88 °Oe, so hat der Saft eine Dichte von 1,088: Ein Liter Saft wiegt 1,088 kg.

Pasteurisierung

„Pasteurisierung" oder „Pasteurisation" bezeichnet die kurzzeitige Erwärmung von Substanzen auf 60°C bis 90°C zur Abtötung von Mikroorganismen. Das Verfahren wurde benannt nach dem französischen Chemiker Louis Pasteur. Dieser hatte erkannt, dass durch kurzzeitiges Erhitzen von Lebensmitteln und anderen Stoffen die meisten der darin enthaltenen Mikroorganismen abgetötet werden. Befinden sich besagte Stoffe in einem abgeschlossenen Bereich, können auch keine neuen Mikroorganismen in diese eindringen. Unter Zuhilfenahme des Pasteurkolbens war diese Methode sehr eindrucksvoll demonstriert worden. Bei Lebensmitteln kann dadurch auch heutzutage die Haltbarkeit deutlich gesteigert werden. Zugleich war mit diesem Versuch auch die Urzeugung widerlegt. Durch die Kürze der Hitzeeinwirkung und die mäßige Temperatur werden die meisten Lebensmittelverderber, wie Milchsäurebakterien und Hefen sowie viele Bakterien (z. B. Salmonellen), zuverlässig abgetötet, ohne dabei den Geschmack und die Konsistenz des Lebensmittels bedeutend zu verändern. Haltbare Bakteriensporen wie die von *Clostridium botulinum*, den Erregern der Paratuberkulose, sowie Schimmelpilzsporen überleben diese Behandlung zumindest teilweise. Aus diesem Grund sollte die Keimbelastung der Rohware möglichst gering gehalten werden.

Presse/Spindel-, Korb- oder Packpresse
Bei diesem Verfahren wird in einen Holzrahmen ein Keltertuch gelegt und ca. 2-4 cm dick mit Maische befüllt. Das Tuch wird eingeschlagen und ein holz- oder rostfreies Metallgitter über das Paket gelegt. Darauf werden weitere Päckchen gepackt. Je nach Größe der Presse können dann bis zu zwanzig Schichten gestapelt werden. Bei alten Modellen wird mittels großer Schrauben der Stapel mit den „Päckchen" langsam und mit Muskelkraft ausgepresst. Mit Hydraulik arbeiten dagegen heute die modernen Pressen. Beim Pressen selbst ist darauf zu achten, dass die Maische nicht bis auf das letzte Tröpfchen ausgepresst wird. Je stärker der Druck auf die Maische, umso eher besteht die Gefahr, dass Blausäure aus den Kernen und Wachs aus der Schale der Äpfel in den Saft gelangt, was später zu geschmacklichen Beeinträchtigungen und sogar zu Gärschwierigkeiten führen kann.

Presse/Bandpresse
Bei Bandpressen wird die Maische zwischen zwei gegeneinander laufenden Bändern zerrieben. Diese Pressen arbeiten zwar mit geringerem Druck, aber mit größerer Reibung. Die Bandpresse hat einen entscheidenden Vorteil: Dieses Verfahren bildet die wirtschaftlichere Methode, um frische Äpfel schnell zu verarbeiten.

Pomothek

Den Begriff einer „Pomothek" als Synonym zur „Vinothek" oder auch „Enoteca" (Italien, Spanien) hat erstmalig Armin Treusch aus Reichelsheim im Odenwald, einer der Hessischen Wirtshauskelterer, eingeführt. In seiner regionalen Pomothek bietet er 30 Sorten reiner Apfelweine aus eigenem Anbau an und berät seine Gäste bei der Auswahl des richtigen Stöffchens. Der Begriff der Pomothek hat sich aber zwischenzeitlich fest etabliert, und es ist davon auszugehen, dass es weitere Einrichtungen dieser Art geben wird.

Quitten-Apfelwein

Die Quitte (*Cydonia oblonga*) ist die einzige Art der Gattung *Cydonia*, die zur Unterfamilie Kernobstgewächse (*Maloideae*) der Familie der Rosengewächse (*Rosaceae*) gehört. Die Quitte verdankt ihren Namen botanisch-wissenschaftlich wie auch in unserem Sprachgebrauch der griechischen Stadt Kydonia, heute Chania, im Nordwesten der Insel Kreta. In Armenien und im Iran wächst die Quitte wild. Die Quitte ist außerdem Namensgeber für die Marmelade (von portug. *marmelo* für Quitte, aus dem griech. *melimelon* „Honigapfel"). Dem Apfelwein wird sie als kalt gepresster Saft vor oder während der Gärung zugegeben.

Rauscher

„Rauscher" bezeichnet einen jungen, noch gärenden Apfelwein. Der Alkoholgehalt liegt in diesem Stadium bei ca. 3 % Vol. und der noch nicht vergorene Zucker verleiht ihm eine angenehm fruchtige Note.

Refraktometer

Das Refraktometer ist ein Messgerät zur Bestimmung der Brechzahl von optischen Medien durch Refraktometrie. Dabei wird meist die Brechung (Refraktion) oder die Totalreflexion des Lichtes ausgenutzt. Auf diesem Prinzip basieren manche Geräte zur Bestimmung der Reife des Weines (Mostgewicht), der Stammwürze von Bier, des Wassergehaltes von Honig, des Frostschutzes von Kühlflüssigkeit oder der Säuredichte von Elektrolyten in einer Batterie. Ebenso kann der Anteil gelöster Substanzen, z. B. die Salinität von Meerwasser, gemessen werden. Zur Bestimmung einer Korrektionslinse für das menschliche Auge kann auch ein Refraktometer zum Einsatz kommen. Alternativ wird für solche Messungen auch oft die Dichte mithilfe eines Aräometers, einer Senkwaage, bestimmt. Am bekanntesten ist hier wohl die Mostwaage.

Rosengewächs

Die Rosengewächse (*Rosaceae*) sind eine Familie der Bedecktsamigen Pflanzen (*Magnoliophyta*). Es ist eine sehr vielgestaltige Familie, die in vier Unterfamilien gegliedert wird. Vor allem als Nutzpflanzen sind die Rosengewächse von Bedeutung. Während Apfel, Birne und Süßkirsche auch in Mitteleuropa heimisch sind, stammen Quitten, Sauerkirschen, Pflaumen und Mandeln aus Vorderasien, Aprikosen aus Turkmenistan und der Pfirsich aus China. Viele dieser Obstbäume wurden schon von den Römern aus Kleinasien nach Italien und von dort ausgehend in andere Gebiete des römischen Reiches eingeführt. Die Sauerkirsche soll Lucullus vom Feldzug gegen Mithridates mitgebracht haben.

Schlehen-Apfelwein Rosé

Der Schlehdorn, auch Schlehendorn, Schlehe, Heckendorn oder Schwarzdorn, umgangssprachlich bisweilen fälschlich „Akazie" genannt, ist ein mittelgroßer Strauch oder kleiner Baum der Gattung *Prunus Spinosa*, der zur Unterfamilie der Steinobstgewächse (*Amygdaloideae*) innerhalb der Familie der Rosengewächse (*Rosaceae*) gehört. Bei der Herstellung des Rosé-Apfelweins werden die Schlehen als Maische mit vergoren und geben so die Farbpigmente aus der Fruchtschale an den Apfelwein ab. Je nach Menge und Gärzeit ist die Roséfärbung eher schwach, wie beim Weißherbst, und kann über den typischen Roséton bis hin zu schwachrubinfarbenen „Rotweintönen" reichen.

Senkwaage, Senkspindel, Aräometer

Das Aräometer (von gr. *araios* – „dünn" und *métron* – „Maß"), auch Alkoholometer, Senkwaage, Senkspindel oder Säureheber genannt, ist ein Messgerät zur Bestimmung der Dichte oder des spezifischen Gewichts von Flüssigkeiten.

Sidra

Was den Engländern der Cider, den Franzosen der Cidre ist den (Nord-)Spaniern die Sidra. Schon der Gleichklang der Namen verrät die ureuropäische Kultur dieses wunderbaren Getränks.

Späte Ernte

1995 erstmals von Jürgen Krenzer, dem Vorsitzenden der Hessischen Wirtshauskelterer als Begriff auf den Apfelwein übertragen, der dann ausschließlich aus November-Äpfeln hergestellt wird. Dieses Produkt ist mittlerweile auch unter dem Namen „Späte Auflese" bekannt. Apfelweine aus spät reifenden Äpfeln erfreuen sich einer zunehmenden Beliebtheit. Der Apfelwein ist dann sehr volumenreich und verfügt über eine kräftige, aber nicht dominante Säure. Der Begriff „Späte Ernte" wurde in der Folge schon von einigen anderen hessischen Keltereien übernommen.

Speierling

Der Speierling (*Sorbus domestica*) ist ein Wildobstbaum aus der Familie der Sorbusgewächse. Der Baum ist in Deutschland sehr selten geworden, es gibt nur noch wenige Exemplare in der Natur. Aus diesem Grund wurde der Speierling 1993 zum Baum des Jahres gewählt. In Hessen gibt es noch etwa 400 bis 500 Speierlingsbäume, die 80 Jahre oder älter sind. In Kronberg im Taunus befinden sich beispielsweise 47 alte und über 100 junge Speierlinge. Der größte bekannte Speierlingsbaum in Deutschland befindet sich auf einer Streuobstwiese am westlichen Ortsrand von Ockstadt im Wetteraukreis. Er ist zwischen 150 und 250 Jahre alt und misst einen Stammumfang von 4,10 Metern. Speierlinge finden in der Apfelweinbereitung ihren Platz. Im Spätsommer werden die Früchte unreif geerntet. Bei der späteren Apfelweinbereitung wird der gekelterte Speierlingsmost dem gärenden Apfelwein im Anteil von 0,5–2 % zugegeben. Der Speierlingsmost klärt durch seinen hohen Eiweißanteil den Apfelwein schon während der Gärung. Einen zweiten Effekt bringen die hohen Anteile an Gerbstoffen und Säure des Speierlings. Die Apfelweine werden durch diese Zugabe haltbarer und schmecken recht herb. Es gibt allerdings viele sogenannte Speierling-Apfelweine, die keinen einzigen Speierling enthalten. In der Fruchtweinverordnung findet man die Bezeichnung „Speierlingtyp" oder „Speierling-Apfelwein" als Verkehrsbezeichnung für einen besonders herben Apfelwein; eine Speierlingzugabe schreibt die Verordnung in diesem Zusammenhang bedauerlicherweise nicht vor. Diese Regelung könnte den Verbraucher in die Irre führen, da man von einer Speierlingzugabe ausgehen kann. Eine neue Definition wäre hier sicher sinnvoller. In den Augen der Hessischen Wirtshauskelterer stellt dies eine Irreführung der Verbraucher dar, die bei solchen Bezeichnungen natürlich von einer Speierlingzugabe ausgehen. Die Hessischen Wirtshauskelterer streben daher an, dass dieser Begriff eindeutig definiert und geschützt wird. Da der Anteil an Speierling in einem Apfelwein analytisch eindeutig nachweisbar ist, wäre eine klare Kennzeichnung echter Speierling-Apfelweine ein erster Schritt zu mehr Transparenz und ein weiterer Beitrag zu einer authentischen Apfelweinkultur (siehe „Apfelweinkultur"). Speierlinge finden auch in der Küche Anwendung. Vollreife Früchte werden hierfür zu einem Mus verarbeitet. Dieses Mus ist dann die Grundlage für Soßen, Füllungen und Desserts. Pioniere einer „Hessischen Speierlingsküche" sind Jürgen Schuch (Schuch's Restaurant, Frankfurt/M.-Praunheim) sowie Michael Stöckl (Landsteiner Mühle, Weilrod).

Streuobstwiese

Die Streuobstwiese, regional auch Obstwiese, Bitz oder Bongert genannt, ist eine traditionelle Form des Obstbaus, in Unterscheidung zum Niederstamm-Obstbau in Plantagen. Auf Streuobstwiesen stehen hochstämmige Obstbäume meist unterschiedlichen Alters und unterschiedlicher Arten und Sorten. Streuobstwiesen sind charakterisiert durch eine Bewirtschaftung ohne Einsatz synthetischer Behandlungsmittel. Traditionell üblich ist die landwirtschaftliche Mehrfachnutzung der Flächen: Sie dienen sowohl der Obsterzeugung (Obernutzung) als auch der Grünlandnutzung, z. B. als Mähwiese zur Heugewinnung oder als Viehweide (Unternutzung). Die Imkerei spielt zur Bestäubung eine wichtige Rolle. Die Umwandlung in teils intensiv bearbeitete Nutzgärten, insbesondere in Ballungsräumen, stellt eine Gefährdung der Streuobstwiesen dar. Eine Besonderheit, die noch in Hessen, aber auch in Franken, Südbaden, Sachsen-Anhalt und dem südlichen Brandenburg verbreitet ist, stellen Streuobstäcker dar. Darüber hinaus gehören auch Obstalleen und Einzelbäume zum Streuobstbau.

Süßer
Frisch gekelterter Apfelsaft direkt von der Presse ins Glas.

Süßreserve
Unter Süßreserve wird ein lagerfähiger Apfelmost (auch Traubenmost) verstanden, der zum nachträglichen Süßen des Weins gedacht ist. Der tatsächliche Alkoholgehalt der Süßreserve darf 8 g/l nicht übersteigen. Daher wird zwischen der Chaptalisierung, der Anreicherung des Mostes vor der Gärung zur Anhebung des Alkoholgehalts, und der tatsächlichen Süßung als ein Beitrag zur Erzielung einer abgerundeten Harmonie des Weines unterschieden.

Trester
Trester sind die vorwiegend festen Rückstände, die nach dem Auspressen des Saftes von Pflanzenbestandteilen übrig bleiben. Insbesondere beim Weinbau (Pressrückstände der Weintraube) werden auch die Bezeichnungen Treber oder Lauer verwendet. Lokale Bezeichnungen sind unter anderem Trasch (Schweiz) oder Bälisch (Mosel). Trester wird meist mit Weinbau assoziiert, doch Trester entsteht auch beim Auspressen von Äpfeln, Karotten oder Tomaten sowie als Rückstand beim Mahlen und Pressen von Kaffeebohnen für Espresso. Auch bei der Olivenölherstellung werden die Rückstände (der Presskuchen) als Trester bezeichnet. Des Weiteren wird die Bezeichnung auch für Maischrückstände bei der Bier- und Whiskey-Herstellung gebraucht.

Viez
Mit „Viez" bezeichnet man im westlichen Rheinland-Pfalz (Moselregion) und im Saarland den meist stark säurehaltigen

Apfelwein. In Luxemburg bezeichnet man frisch gepressten bzw. eingekochten Apfelsaft als „Viez" und den meist stark säurehaltigen Apfelwein als „sauren Viez". Mitunter werden dort auch Äpfel und Birnen gemischt. Die verwendeten Viezäpfel (auch Holzäpfel genannt, aber nicht mit dem europäischen Wildapfel identisch) sind meist kleine, saure, aromatische Mostapfel-Sorten aus dem Streuobstbau, die kaum für den direkten Verzehr geeignet sind. Das Wort stammt wahrscheinlich von dem lateinischen Wort *vice* mit der Bedeutung „an Stelle (von)" oder „für", gemeint ist „vinum" (der Wein); möglicherweise auch abgeleitet von *vitis* für „Weinstock" oder „Rebe". Der „Vice-Wein" ist aber ursprünglich kein Obstwein gewesen, sondern war ein Aufguss, hergestellt aus bereits gekelterten – ausgepressten – Weintrauben. Die ziemlich trocken gepressten Rückstände, der sogenannte Trester oder Treber, wurde mit Wasser übergossen, das nach einer gewissen Standzeit einen trauben- oder weinähnlichen Geschmack annahm. Dieser „Ersatzwein" war Alltagsgetränk auch für die Knechte eines Weinbauern, die sich den „richtigen" Wein nicht leisten konnten.

XY-Äpfel
Es gibt eine Reihe von Apfelsorten, die von Pomologen nicht bestimmt werden können. Entweder sind es Wildlinge oder alte Lokalsorten, über die es keine Aufzeichnungen gibt.

Zidra
Der baskische Name für Cidre bzw. Sidra.

Verbände & Initiativen

Apfelwein Centrum Hessen e. V.
www.apfelwein-centrum-hessen.de

Apfelwein weltweit
www.apfelwein-weltweit.de

Hessische Apfelweinstraße e. V.
www.hessische-apfelweinstrasse.de

Hessische Wirtshauskelterer
www.hessische-wirtshauskelterer.de

Hessische Apfelwein- und Streuobstwiesenroute
www.gutes-aus-hessen.de

Pomologen-Verein e. V.
www.pomologen-verein.de

Naturschutzakademie Hessen e. V.
www.na-hessen.de

Rhöner Apfelinitiative e. V.
www.rhoenapfel.de

Streuobstroute Nassauer Land
www.streuobstroute-nassauer-land.de

Verband der Hessischen Apfelwein- und Fruchtsaft-
keltereien e. V., www.apfelwein.de

Vereinigung der Äpfelweinwirte Frankfurt am Main
und Umgebung e. V., www.apfelweinwirte.de

Sorgsame Auswahl

Appell an den geneigten Leser

Die Auswahl und Bewertung aller Apfelweine, Straußwirtschaften und Gasthäuser sind in der vorliegenden Auflage nach sorgfältiger Prüfung erfolgt. Diese Momentaufnahme beruht vorwiegend auf der Verkostung des Jahrgangs 2012, dazu der Tagesform der Küche und des Servicepersonals. Das kann dazu führen, dass die Einschätzung des Lesers nach einem Besuch von der des Autors signifikant abweicht.

Der Verfasser nimmt solche Abweichungen zum Anlass einer verlässlichen Nachprüfung. Mancher Leser mag überdies der Meinung sein, dass eine Straußwirtschaft nicht im Kreis der besten berücksichtigt worden ist, die nach seiner Überzeugung zur Spitze in der Region zählt. Der Verfasser wird jedem Hinweis und „Geheimtipp" sorgfältig nachgehen, um seine Auswahl gegebenenfalls zu korrigieren. Anregungen und Hinweise bitte direkt an den

Societäts-Verlag
Kennwort „Der Apfelweinschmecker"
Frankenallee 71–81
60327 Frankfurt am Main

Bildnachweis

Seite 9, 12, 127: © Christian Jung - Fotolia.com
Seite 11: © Thomas Renz - Fotolia.com
Seite 15: © Visions-AD - Fotolia.com
Seite 16: © Nicolas BEAUMONT - Fotolia.com
Seite 29: © Jeanette Dietl - Fotolia.com
Seite 81: © Dasha Petrenko - Fotolia.com
Seite 85: © Ingrid - Fotolia.com
Seite 86: © Jeanette Dietl - Fotolia.com
Alle weiteren Abbildungen: Michael Stöckl

Der Verlag ist stets bemüht, die Bildrechte etwaiger Inhaber zu ermitteln. Bei begründeten Honoraransprüchen werden diese selbstverständlich abgegolten.

Literatur

Helga Faber: Die Welt des Apfelweins. Vom Stöffche über Cider und Cidre bis zu Sidra und Viez, Nidderau 2011

Frank Gotta: Aus einem goldenen Apfel. Der Apfelwein – un was es driwwer zu saache gibt, Frankfurt 1979.

Konstantin Kalveram/Michael Rühl: Hessens Apfelweine. Das Stöffche und seine Macher, Frankfurt 2008

H. P. Müller: Frankforter Ebbelwei Bichelche, Selbstverlag 1980.

Ingrid Schick: Apfelwein 2.0 – innovativ, edel, vielfältig. Die neue Generation der Stöffchemacher, Neustadt/W. 2011

Jörg Stier/Joerg Eyfferth: Vom Baum in den Bembel. Die handwerkliche Herstellung der hessischen Apfelweine, Hanau 2000.

Der Autor

Michael Stöckl wird am 7. August 1970 in Kitzbühel geboren. Nach dem Abitur wird er zum Restaurantfachmann ausgebildet. Parallel zu seinem Werdegang als Sommelier schreibt er Anfang der 1990er Jahre seine erste Apfelweinkarte. Nach bestandener Sommelier-Prüfung macht er sich schnell einen Namen als Deutschlands erster Apfelwein-Sommelier. Seit 2002 betreibt er die Landsteiner Mühle mit einer internationalen Apfelweinkarte und veranstaltet 2009 die erste Jahrgangsverkostung „Apfelwein im Römer".